CONTES BRUNS.

CONTES BRUNS.

CONTES BRUNS.

PARIS.
URBAIN CANEL, ADOLPHE GUYOT,
RUE DU BAC, N° 104. PLACE DU LOUVRE, N° 18.

M. DCCCXXXII.

UNE CONVERSATION

ENTRE ONZE HEURES ET MINUIT.

UNE CONVERSATION

ENTRE ONZE HEURES ET MINUIT.

Je fréquentais l'hiver dernier une maison, la seule peut-être où maintenant, le soir, la conversation échappe à la politique et aux niaiseries de salon. Là viennent des artistes, des poètes, des hommes d'état, des savans, des jeunes gens occupés de chasse, de chevaux, de femmes, de jeu, ailleurs, de toilette, mais qui, dans cette réunion, prennent sur eux de dépenser leur esprit, comme ils prodiguent ailleurs leur argent ou leurs fatuités.

Ce salon est le dernier asile où se soit réfugié l'esprit français d'autrefois, avec sa profondeur cachée, ses mille détours, sa politesse exquise. Là vous trouverez encore quelque spontanéité dans les cœurs, de l'abandon, de la générosité dans les idées. Nul ne pense à garder sa pensée pour un drame, ne voit des livres dans un récit. Personne ne vous apporte le hideux squelette de la littérature, à propos d'une saillie heureuse ou d'un sujet intéressant.

Pendant la soirée que je vais raconter, le hasard, ou plutôt l'habitude, avait réuni plusieurs personnes auxquelles d'incontestables mérites ont valu des réputations européennes. Ceci n'est point une flatterie adressée à la France; plusieurs étrangers étaient parmi nous; et, par cas fortuit, les hommes qui brillèrent le plus n'étaient pas les plus célèbres. Ingénieuses réparties, observations fines, railleries excellentes, peintures dessinées avec une netteté brillante, pétillèrent et se pressèrent sans apprêt, se prodiguèrent sans dédain comme sans recherche, mais furent délicieusement senties, délicatement savourées. Les gens du monde se firent surtout remarquer par une grâce, par une verve tout artistiques.

Vous trouverez ailleurs, en Europe, d'élégantes manières, de la cordialité, de la bonhomie, de la science; mais à Paris seulement, dans ce salon et dans quelques autres encore, se rencontre l'esprit particulier qui donne à toutes ces qualités sociales un agréable et capricieux ensemble, je ne sais quelle allure fluviale qui fait facilement serpenter cette profusion de pensées, de formules, de contes, de documens historiques. Paris, capitale du goût, connaît seul cette science qui change une conversation en une joute, où chaque nature d'esprit se condense par un trait, où chacun dit sa phrase et jette son expérience dans un mot, où tout le monde s'amuse, se délasse et s'exerce.

Aussi, là seulement, vous échangerez vos idées, là vous ne porterez pas, comme le dauphin de la fable, quelque singe sur vos épaules; là vous serez compris, et vous ne risquerez pas de mettre au jeu des pièces d'or contre du billon; là, des secrets bien trahis; là, des causeries légères et profondes ondoyent, tournent, changent d'aspect et de couleurs à chaque phrase. Les critiques vives, les récits pressés abondent; les yeux écoutent; les gestes interrogent; la physionomie répond; tout est esprit et pensée.

Jamais le phénomène oral qui, bien étudié, bien manié, fait la puissance de l'acteur et du conteur, ne m'avait si complétement ensorcelé; je ne fus pas seul soumis à ces doux prestiges; nous passâmes tous une soirée délicieuse.

Entre onze heures et minuit, la conversation, jusque là brillante, antithétique, devint conteuse, elle entraîna dans son cours précipité de curieuses confidences, plusieurs portraits, mille folies.

Un savant, avec lequel je fis de conserve la route de la rue Saint-Germain-des-Prés à l'Observatoire royal, regarda cette ravissante improvisation comme intraduisible; mais, dans ma témérité de disputeur, je m'engageai presque à reproduire les plaisirs de cette soirée, moins pour soutenir mon opinion que pour donner à mes émotions la vie factice du souvenir, la distance qui se trouve entre la parole et l'écrit. Mais en voulant tâcher de laisser à ces choses leur verdeur, leur abrupte naturel, leurs fallacieuses sinuosités, j'ai pris la conversation à l'heure où chaque récit nous attacha vivement. S'il fallait peindre le moment où tous les esprits luttèrent, où toutes les opinions brillèrent, où la pensée imita les gerbes éblouissantes d'un feu d'artifice, cette entreprise serait une folie, et une folie ennuyeuse peut-être.

Donc, représentez-vous assises autour d'une cheminée, dans un salon élégant, une douzaine de personnes dont toutes les physionomies, plus ou moins tourmentées, plus ou moins belles, expriment des passions ou des pensées. Trois femmes aimables, bien mises, gracieuses, dont la voix était douce, présidaient cette scène, à laquelle aucune séduction ne manqua, pour moi, du moins. A la lueur des lampes, quelques artistes dessinaient en écoutant, et souvent je vis la sépia se sécher dans leurs pinceaux oisifs. Le salon était déjà par lui-même un tableau tout fait, et plus d'un peintre se trouvait là, capable de le bien exécuter.

Nous fûmes redevables à un vieux militaire de la tournure que prit la conversation. Il venait d'achever une partie dans un salon voisin, et lorsqu'il se planta tout droit devant la cheminée, en relevant les deux pans de son habit bleu, l'une des dames lui dit :

— Oh! mon Dieu non... Je ne puis pas toucher une carte...

Même question faite à quelques joueurs qui songeaient sans doute à s'évader, il se trouva, comme toujours, que tout le monde avait à se plaindre du jeu.

Récapitulation savamment faite, il avint qu'un sculpteur qui, à ma connaissance, avait perdu vingt-cinq louis, fut atteint et convaincu d'avoir gagné six cents francs.

— Bah! les plaies d'argent ne sont pas mortelles... dit mon savant, et tant qu'un homme n'a pas perdu ses deux oreilles...

— Un homme peut-il perdre ses deux oreilles? demanda la dame.

— Pour les perdre il faut les jouer... répondit un médecin.

— Mais les joue-t-on?...

— Je le crois bien!... s'écria le général en levant un de ses pieds pour en présenter la plante au feu.

J'ai connu en Espagne, reprit-il, un nommé Bianchi, capitaine au 6ᵉ de ligne, — il a été tué au siége de Tarragone, — qui joua ses oreilles pour mille écus. Il ne les joua pas, pardieu, il les paria bel et bien ; mais le pari est un jeu. Son adversaire était un autre capitaine du même régiment, Italien comme lui, comme lui mauvais garnement, deux vrais diables ensemble, mais bons officiers, excellens militaires.

Nous étions donc au bivouac, en Espagne. Bianchi avait besoin de mille écus pour le lendemain matin, et comme il ne possédait que quinze cents francs, il se mit à jouer aux dés sur un tambour avec son camarade, pendant que leurs compagnies préparaient le souper.

Il y avait, ma foi, trois beaux quartiers de chèvre qui cuisaient dans une marmite, près de nous ; et nous autres officiers nous regardions alternativement et le jeu et la chèvre qui frisonnait fort agréablement à nos oreilles ; car nous n'avions rien mangé depuis le matin. Nos soldats revenaient un à un de la chasse, apportant du vin et des fruits. Nous avions un bon repas en perspective. La marmite était suspendue au-dessus du feu par trois perches arrangées en faisceau, et assez éloignées du foyer pour ne pas brûler ; mais d'ailleurs les soldats, avec cet instinct merveilleux qui les caractérise, avaient fait un petit rempart de terre autour du feu. — Bianchi perdit tout ; il ne dit pas un mot ; il resta comme il était, accroupi ; mais il se croisa les bras sur la poitrine, regarda le feu, le ciel, et par momens son adversaire. Alors j'avais peur qu'il ne fît quelque mauvais coup ; il semblait vouloir lui manger les entrailles. Enfin il se leva brusquement, comme pour fuir une tentation. En se levant, il renversa l'une des trois perches qui soutenaient la marmite, et — voilà la chèvre et notre souper à tous les diables !... Nous restâmes silencieux ; et, quoique ventre affamé ne porte guère de respect aux passions, nous n'osâmes rien lui dire, tant il nous faisait peine à voir..... L'autre comptait son argent. Alors Bianchi se mit à rire. Il regarda la marmite vide, et pensa peut-être alors qu'il n'avait pas plus de souper que d'argent. Il se tourna vers son camarade, puis avec un sourire d'Italien :

— Veux-tu parier mille écus, lui dit-il en montrant une sentinelle espagnole postée à cent cinquante pas environ de notre front de bandière, et dont nous apercevions la baïonnette au clair de la lune, veux-tu parier tes mille écus que, sans autre arme que le briquet de ton caporal, — et il prit le sabre d'un nommé *Garde-à-Pied*, — je vais à cette sentinelle, j'en apporte le cœur, je le fais cuire et le mange...

— Cela va !..... dit l'autre; mais — si tu ne réussis pas.....

— Eh bien! *corpo di Baccho* — il jura un peu mieux que cela; mais il faut gazer le mot pour ces dames, — tu me couperas les deux oreilles...

— Convenu !... dit l'autre.

— Vous êtes témoins du pari !..... s'écria Bianchi d'un air triomphant, en se tournant vers nous..,

Et il partit.

Nous n'avions plus envie de manger, nous autres. Cependant, nous nous levâmes tous pour voir comment il s'y prendrait, mais nous ne vîmes rien du tout. En effet, il tourna par un sentier, rampa comme un serpent; bref, nous n'entendîmes pas seulement le bruit que peut faire une feuille en tombant. Nos yeux ne quittaient pas de vue la sentinelle. Tout à coup, un petit gémissement de rien, un — *heu!*..... profond et sourd nous fit tressaillir. Quelque chose tomba....... Pûoud! — Et nous ne vîmes plus la sacrée — excusez-moi, mesdames! — baïonnette.

Cinq minutes après, ce farceur de Bianchi galopait dans le lointain comme un cheval, et revint tout pâle, tout hâletant. Il tenait à la main le cœur de l'Espagnol, et le montra en riant à son adversaire.

Celui-ci lui dit d'un air sérieux :

— Ce n'est pas tout!...

— Je le sais bien!... répliqua Bianchi.

Alors, sans laver le sang de ses mains, il releva les perches, rajusta la marmite, attisa le feu, fit cuire le cœur et le mangea sans en être incommodé. Il empocha les mille écus...

— Il avait donc bien besoin de cet argent-là?..... demanda la maîtresse du logis.

Il les avait promis à une petite vivandière parisienne dont il était amoureux...

— Oh! madame, reprit le général, après une petite pause, tous ces Italiens-là étaient de vrais cannibales, et des chiens finis... — Ce Bianchi venait de l'hôpital de Côme, où tous les enfans trouvés reçoivent le même nom, ils sont tous des Bianchi : c'est une coutume italienne. L'empereur avait fait déporter à l'île d'Elbe les mauvais sujets de l'Italie, les fils de famille incorrigibles, les malfaiteurs de la bonne société qu'il ne voulait pas tout-à-fait flétrir. Aussi, plus tard, il les enrégimenta, il en fit la *légion italienne*; puis il les incorpora dans ses armées et en composa le 6e de ligne, auquel il donna pour colonel un Corse, nommé Eugène. C'était un régiment de démons. Il fallait les voir à un assaut, ou dans une mêlée!... Comme ils étaient presque tous décorés pour des actions d'éclat, ce colonel leur criait naïvement, en les menant au plus fort du feu :

— *Avanti, avanti, signori ladroni, cavalieri ladri...* En avant, chevaliers voleurs, en avant, seigneurs brigands!...

Pour un coup de main, il n'y avait pas de meilleures troupes dans l'armée ; mais c'étaient des chenapans à voler le bon Dieu. Un jour, ils buvaient l'eau-de-vie des pansemens ; un autre, ils tiraient, sans scrupule, un coup de fusil à un payeur, et mettaient le vol sur le compte des Espagnols. Et, cependant, ils avaient de bons momens!... A je ne sais quelle bataille, un de ces hommes-là tua dans la mêlée un capitaine anglais qui, en mourant, lui recommanda sa femme et son enfant. La veuve et l'orphelin se trouvaient dans un village voisin. L'Italien y alla sur-le-champ, à travers la mêlée, et les prit avec lui. La jeune dame était, ma foi, fort jolie. Les mauvaises langues du régiment prétendirent qu'il consola la veuve ; mais le fait est qu'il partagea sa solde avec l'enfant jusqu'en 1814. Dans la déroute de Moscou, l'un de ces garnemens, ayant un camarade attaqué de la poitrine, eut pour lui des soins inimaginables depuis Moscou jusqu'à Wilna. Il le mettait à cheval, l'en descendait, lui donnait à manger, le défendait contre les cosaques, l'enveloppait de son mieux avec les haillons qu'il pouvait trouver, le couchait comme une mère couche son enfant, et veillait à tous ses besoins. Un soir, le diable de malade alla, malgré la défense de son ami, e chauffer à un feu de cosaques, et lorsque celui-ci int pour l'y reprendre, un cosaque croyant qu'on voulait leur chercher chicane tua le pauvre Italien...

— Napoléon avait des idées bien philosophiques ! s'écria une dame. Ne faut-il pas avoir réfléchi bien profondément sur la nature humaine, pour oser chercher ce qu'il peut y avoir de héros dans une troupe de malfaiteurs ?...

— Oh! Napoléon, Napoléon ! répondit un de nos grands poètes en levant les bras vers le plafond, par un mouvement théâtral. Qui pourra jamais expliquer, peindre ou comprendre Napoléon !... Un homme qu'on représente les bras croisés, et qui a tout fait ; qui a été le plus beau pouvoir connu, le pouvoir le plus concentré, le plus mordant, le plus acide de tous les pouvoirs ; singulier génie, qui a promené partout la civilisation armée sans la fixer nulle part ; un homme qui pouvait tout faire parce qu'il voulait tout ; prodigieux phénomène de volonté, domptant une maladie par une bataille, et cependant il devait mourir de maladie dans son lit après avoir vécu au milieu des balles et des

boulets; un homme qui avait dans la tête un code et
une épée, la parole et l'action; esprit perspicace qui a
tout deviné, excepté sa chute; politique bizarre qui
jouait les hommes à poignées, par économie, et qui
respecta deux têtes, celles de Talleyrand et de Met-
ternich, diplomates dont la mort eût évité la com-
bustion de la France, et qui lui paraissaient peser plus
que des milliers de soldats; homme auquel, par un
rare privilége, la nature avait laissé un cœur dans son
corps de bronze; homme, rieur et bon à minuit entre
des femmes, et, le matin, maniant l'Europe comme
une jeune fille fouette l'eau de son bain!... Hypocrite,
généreux, aimant le clinquant, sans goût, et malgré
cela grand en tout, par instinct ou par organisation;
César à vingt-deux ans, Cromwell à trente; puis,
comme un épicier du Père La Chaise, bon père et bon
époux. Enfin, il a improvisé des monumens, des em-
pires, des rois, des codes, des vers, un roman, et le
tout avec plus de portée que de justesse. N'a-t-il pas fait
de l'Europe la France? Et, après nous avoir fait peser
sur la terre de manière à changer les lois de la gravi-
tation, il nous a laissés plus pauvres que le jour où il
avait mis la main sur nous. Et lui, qui avait pris un

empire avec son nom, perdit son nom au bord de son empire, dans une mer de sang et de soldats. Homme qui, toute pensée et toute action, comprenait Desaix et Fouché... Tout arbitraire et toute justice! — le vrai roi!...

— J'aurais bien voulu qu'il fût un peu moins roi... dit en riant un de mes amis, je n'aurais point passé six ans dans la forteresse où sa police m'a jeté, comme tant d'autres.

— Mais ne vous êtes-vous pas singulièrement évadé?... demanda une dame.

— Non, ce n'est pas moi, répondit-il.

— Racontez donc cette aventure-là, dit la maîtresse du logis, il n'y a que nous deux ici qui la connaissions...

— Volontiers, répliqua-t-il, et chacun d'écouter.

Peu de temps après le 18 brumaire, dit le meilleur

philes, il y eut une levée de boucliers en Bretagne et dans la Vendée. Le premier consul, empressé de pacifier la France, entama comme vous le savez des négociations avec les principaux chefs, déploya les plus vigoureuses mesures militaires; et, tout en combinant des plans de séduction, mit en jeu les ressorts machiavéliques de la police, alors confiée à Fouché. Rien de tout cela ne fut inutile, et il réussit à étouffer la guerre de l'Ouest.

A cette époque, un jeune homme appartenant à la famille de Maillé fut envoyé par les chouans, de Bretagne à Saumur, afin d'établir des intelligences entre certaines personnes de la ville ou des environs et les chefs de l'insurrection royaliste. Instruite de son voyage, la police de Paris avait dépêché des agens chargés de s'emparer du jeune émissaire à son arrivée à Saumur. Effectivement, il fut arrêté le jour même de son débarquement, car il vint en bateau, sous un déguisement de maître marinier; mais c'était un homme d'exécution!... Il avait calculé toutes les chances de son entreprise, et son passe-port, ses papiers étaient si bien en règle, que les gens envoyés pour se saisir de lui craignirent de s'être trompés.

Le chevalier de Beauvoir, — je me rappelle maintenant son nom, — avait bien médité son rôle. Il cita sa famille d'emprunt, son faux domicile, et soutint si hardiment son interrogatoire, qu'il aurait été mis en liberté sans l'espèce de croyance aveugle que les espions eurent en leurs instructions; elles étaient trop précises; dans le doute, ils aimèrent mieux commettre un acte arbitraire que de laisser échapper un homme à la capture duquel le premier consul paraissait attacher une grande importance. Dans ces temps de liberté, les agens du pouvoir national se souciaient fort peu de ce que nous nommons aujourd'hui la *légalité.* Le chevalier fut donc provisoirement emprisonné, jusqu'à ce que les autorités supérieures eussent pris une décision à son égard. Cette sentence bureaucratique ne se fit pas attendre, et la police ordonna de garder très-étroitement le prisonnier, malgré toutes ses dénégations.

Alors le chevalier de Beauvoir fut tranféré, suivant de nouveaux ordres, au château de l'Escarpe. Ce nom indique assez la situation de la forteresse : assise sur des rochers d'une grande élévation, elle a pour fossés des précipices; et l'on n'y peut arriver que par une pente rapide et dangereuse, aboutissant, comme dans tous les anciens châteaux, à la porte principale, qui est défendue par un fossé sur lequel s'abaisse un pont-levis.

Le commandant de cette prison, charmé d'avoir un homme de distinction, dont les manières étaient fort agréables, qui s'exprimait à merveille, et paraissait instruit, qualités assez rares à cette époque, accepta le chevalier comme un bienfait de la Providence. Il lui proposa d'être à l'Escarpe sur parole, et de faire cause commune avec lui contre l'ennui. Beauvoir ne demanda pas mieux. C'était un loyal gentilhomme; mais c'était aussi, par malheur, un fort joli garçon. Il avait une figure attrayante, l'air résolu, la parole engageante, une force prodigieuse. C'eût été un excellent chef de parti. Il était surtout leste et bien découplé. Le commandant lui assigna le plus commode des appartemens du château, l'admit à sa table; et, d'abord, n'eut qu'à se louer du Vendéen.

Ce commandant était un officier corse; il était marié, et très-jaloux, parce que sa femme, assez jolie, lui semblait peut-être difficile à garder. Il paraît que Beauvoir plut à la dame, et qu'il la trouva fort à son goût. Ils s'aimèrent sans doute. Commirent-ils quelque imprudence? Le sentiment qu'ils eurent l'un pour l'autre dépassa-t-il les bornes de cette galanterie superficielle qui est presque un de nos devoirs envers les femmes? Beauvoir ne s'est jamais franchement expliqué sur ce point assez obscur de son histoire; mais toujours est-il constant que le commandant se crut en droit d'exercer des rigueurs extraordinaires sur son prisonnier.

Beauvoir, mis au donjon, fut nourri de pain noir, abreuvé d'eau claire, et enchaîné suivant le perpétuel programme des divertissemens prodigués aux captifs. Sa cellule, située sous la plate-forme du donjon, était voûtée en pierre dure; les murailles avaient une épaisseur désespérante; la tour donnait vraisemblablement sur un précipice; il n'y avait pas la moindre chance de salut.

Lorsque le pauvre Beauvoir eut reconnu l'impossibilité d'une évasion, il tomba dans ces rêveries qui sont tout ensemble le désespoir et la consolation des prisonniers. Il s'occupa de ces riens qui deviennent de grandes affaires. Il compta les heures, les jours; il fit l'apprentissage du triste *état de prisonnier*. Il reçut le baptême des douleurs. Il se replia sur lui-même, et sut ce que c'étaient que l'air et le soleil; puis, après une quinzaine de jours, il eut cette maladie terrible, cette fièvre de liberté qui pousse les prisonniers à ces entreprises sublimes dont nous ne pouvons expliquer les prodigieux résultats que par des forces inconnues, par des concentrations de volonté qui font le désespoir de notre analyse physiologique, mystères dont les savans craignent presque de sonder les profondeurs. Mais il se rongeait le cœur; car il n'y avait que la mort qui pût le rendre libre.

Un matin, le porte-clefs chargé d'apporter la nourriture de Beauvoir, au lieu de s'en aller après lui avoir donné sa maigre pitance, resta devant lui les bras croisés, et le regarda singulièrement. Leur conversation se réduisait de coutume à peu de chose; et jamais son gardien ne l'entamait. Aussi le chevalier fut-il très-étonné lorsque cet homme lui dit :

— Monsieur, vous avez sans doute votre idée en vous faisant toujours appeler M. Lebrun ou citoyen Lebrun. Cela ne me regarde pas; mon affaire n'est point de vérifier votre nom: que vous vous nommiez

Pierre ou Paul, cela m'est bien égal ; mais je sais, dit-il en clignant de l'œil, que vous êtes M. Charles-Félix-Théodore, chevalier de Beauvoir et cousin de Mme la duchesse de Maillé...

— Hein ?..... ajouta-t-il d'un air de triomphe, après un moment de silence en regardant son prisonnier.

Beauvoir, se voyant incarcéré fort et ferme, ne crut pas que sa position pût s'empirer par l'aveu de son véritable nom; et alors il répondit :

— Eh bien! quand je serais le chevalier de Beauvoir, qu'y gagnerais-tu ?...

— Oh! tout est gagné!..... répliqua le porte-clefs à voix basse. Écoutez-moi. J'ai reçu de l'argent pour faciliter votre évasion ; mais un instant !..... Comme on me fusillerait tout bellement si j'étais soupçonné de la moindre chose, j'ai dit que je ne tremperais dans cette affaire-là que juste l'histoire de gagner mon argent. Tenez, monsieur, voilà une clef...

Et il sortit de sa poche une petite lime.

— Avec cela, reprit-il, vous scierez un de vos barreaux. Dam! ce ne sera pas commode.

Et il montra l'ouverture étroite par laquelle le jour entrait dans le cachot. C'était une espèce de baie pratiquée entre le cordon qui couronnait extérieurement le donjon et ces grossières saillies en pierre destinées à figurer les supports des créneaux.

— Dam, monsieur, dit le geôlier, il faudra scier le fer assez près pour que vous puissiez passer.

— Oh! sois tranquille! — je passerai...

— Et assez haut pour qu'il vous reste de quoi attacher votre corde...

— Où est-elle?

— La voici, répondit le guichetier en lui jetant une corde à nœuds. Elle a été fabriquée avec du linge, afin de faire supposer que vous l'avez confectionnée vous-même. Elle est de longueur suffisante. Quand vous serez au dernier nœud, laissez-vous couler tout doucement; le reste est votre affaire. Vous trouverez probablement dans les environs une voiture tout attelée et des amis qui vous attendent... De cela, je n'ai rien voulu savoir. Je n'ai pas besoin de vous dire qu'il y a une sentinelle au *dret* de la tour... Vous saurez ben choisir une nuit noire, et guetter le moment où le soldat de faction dormira. Vous risquerez peut-être d'attraper un coup de fusil ; mais...

— C'est bon ! c'est bon !... je ne pourrirai pas ici... s'écria le chevalier.

— Ah ! ça se pourrait ben tout de même !... répliqua le geôlier d'un air bête.

Beauvoir prit cela pour une de ces réflexions niaises que font ces gens-là. L'espoir d'être bientôt libre le rendait si joyeux qu'il ne pouvait guère s'arrêter aux discours de cet homme, espèce de paysan renforcé. Il se mit à l'ouvrage aussitôt, et la journée lui suffit pour scier les barreaux.

Craignant une visite du commandant, il cacha son travail, en bouchant les fentes avec de la mie de pain roulée dans de la rouille, afin de lui donner la couleur du fer; puis ayant serré sa corde, il épia quelque nuit favorable, avec cette impatience concentrée et cette profonde agitation d'ame qui font vivre si poétiquement les prisonniers.

Enfin, par une nuit grise, une nuit d'automne, il acheva de scier les barreaux, attacha solidement sa corde, s'accroupit à l'extérieur sur le support de pierre, en se cramponnant d'une main au bout de fer qui restait dans la baie; et, là, il attendit le moment le plus obscur de la nuit et l'heure à laquelle les sentinelles doivent dormir... C'est vers le matin, à peu près.....

Connaissant la durée des factions, l'instant des rondes, toutes choses dont s'occupent les prisonniers, même involontairement, il épia le moment où l'une des sentinelles serait aux deux tiers de sa faction et retirée dans sa guérite, à cause du brouillard; puis, certain d'avoir réuni le plus de chances favorables à son évasion, il se mit à descendre, nœud à nœud, suspendu entre le ciel et la terre, mais tenant sa corde avec une force de géant.

Tout alla bien. Il était arrivé à l'avant-dernier nœud, lorsque près de se laisser couler à terre, il s'avisa, par une pensée prudente, de chercher le sol avec ses pieds, et — il ne trouva pas de sol... Diable! c'était un cas assez embarrassant. Il était en sueur, fatigué, perplexe, et dans cette situation où l'on joue sa vie à pair ou non. Il allait s'élancer par une raison frivole; son chapeau venait de tomber. Heureusement il écouta le bruit que la chute devait produire, et n'entendant rien, il conçut de vagues soupçons sur sa situation; et commença à croire qu'on pouvait lui avoir tendu quelque piége; mais dans quel intérêt?...

En proie à ces incertitudes, il songea presque à remettre la partie à une autre nuit; et provisoirement, il résolut d'attendre les clartés indécises du crépuscule, heure qui ne serait peut-être pas tout-à-fait défavorable à sa fuite. Sa force prodigieuse lui permit de grimper vers le donjon; mais il était presque épuisé au moment où il se remit sur le support extérieur, guettant tout comme un chat sur le bord de sa gouttière.

Bientôt, à la faible clarté de l'aurore, il aperçut, en faisant flotter sa corde, une petite distance de cent cinquante pieds entre le dernier nœud et les rochers pointus du précipice.

— Merci, commandant! dit-il avec le sang froid qui le caractérisait.

Puis, après avoir quelque peu réfléchi à cette habile vengeance, il jugea nécessaire de rentrer dans son cachot. Il mit toute sa défroque en évidence sur son lit, laissa la corde en dehors pour faire croire à sa chute; et, tranquillement tapi derrière la porte, il attendit l'arrivée du perfide guichetier, en tenant à la main une des barres de fer qu'il avait sciées.

Le guichetier ne manqua pas de venir, et plus tôt qu'à l'ordinaire, pour recueillir la succession du mort; il ouvrit la porte en sifflant; mais quand il fut à une distance convenable, Beauvoir lui asséna sur le crâne un si furieux coup de barre que le traître tomba comme une masse, sans jeter un cri; la barre lui avait brisé la tête. Le chevalier déshabilla promptement le mort, prit ses habits, imita son allure, et, grâces à l'heure matinale et au peu de défiance des sentinelles de la porte principale, il s'évada.

— Il faut des guerres civiles pour faire éclore des caractères semblables!... s'écria un avocat célèbre. Ces aventures où l'ame se déploie dans toute sa vigueur ne se rencontrent jamais dans la vie tranquille telle que la constitue notre civilisation actuelle, si pâle, si décrépite.

— Encore la civilisation!... répliqua un médecin, votre mot est placé!... Depuis quelque temps, poètes, écrivains, peintres, tout le monde est possédé d'une singulière manie. Notre société, selon ces gens-là, nos mœurs, tout se décompose et rend le dernier soupir. Nous vivons morts; nous nous portons à merveille dans une agonie perpétuelle, et sans nous apercevoir que nous sommes en putréfaction. Enfin, à les entendre, nous n'avons ni lois, ni mœurs, ni physionomie, parce que nous sommes sans croyances. Il me semble cependant que, d'abord, nous avons tous foi en l'argent, et depuis que les hommes se sont attroupés en nations, l'argent a été une religion universelle, un culte éternel; ensuite, le monde actuel ne va pas mal du tout. Pour quelques gens blasés qui regrettent de ne pas avoir tué une femme ou deux, il se rencontre bon nombre de gens passionnés qui aiment sincèrement. Pour n'être pas scandaleux, l'amour se continue assez bien, et ne laisse guère chômer que les vieilles filles... encore!... Bref! les existences sont tout aussi dramatiques en temps de paix qu'en temps de troubles... Je vous remercie de votre guerre civile. Moi! j'ai précisément assez de rentes sur le grand-livre pour aimer cette vie étroite, l'existence avec les soies, les cachemires, les tilburys, les peintures sur verres, les porcelaines, et toutes ces petites merveilles qui annoncent la dégénérescence d'une civilisation...

— Le docteur a raison..... dit une dame. Il y a des situations secrètes de la vie la plus vulgaire en apparence qui peuvent comporter des aventures tout aussi intéressantes que celles de l'évasion.

— Certes, reprit le docteur. Et, si je vous racontais une des premières consultations que...

— Racontez!...

— Racontez!...

Ce fut un cri général, dont le docteur fut très-flatté.

— Je n'ai pas la prétention de vous intéresser autant que monsieur.....

— Connu!... dit un peintre.

— Assez... Dites, cria-t-on de toutes parts.

— Un soir, dit-il, après avoir laissé échapper un

geste de modestie et un sourire, j'allais me coucher, fatigué de ces courses énormes que nous autres, pauvres médecins, faisons à pied, presque pour l'amour de Dieu, pendant les premiers jours de notre carrière, lorsque ma vieille servante vint me dire qu'une dame désirait me parler. Je répondis par un signe, et sur-le-champ l'inconnue entra dans mon cabinet. Je la fis asseoir au coin de ma cheminée, et restai vis-à-vis d'elle, à l'autre coin, en l'examinant avec cette curiosité physiologique particulière aux gens de notre *profession*, quand ils prennent la science en amour. Je n'ai pas souvenance d'avoir rencontré dans le cours de ma vie une femme qui m'ait aussi fortement impressionné que je le fus par cette dame. Elle était jeune, simplement mise, médiocrement belle cependant, mais admirablement bien faite. Elle avait une taille très-cambrée, un teint à éblouir et des cheveux noirs très-abondans. C'était une figure méridionale, tout empreinte de passions, dont les traits avaient peu de régularité, beaucoup de bizarrerie même, et qui tirait son plus grand charme de la physionomie; néanmoins, ses yeux vifs avaient une expression de tristesse qui en détruisait l'éclat.

Elle me regardait avec une sorte d'inquiétude, et je fus extrêmement intéressé par l'hésitation que trahirent ses premières paroles et ses manières. Elle allait faire violence à sa pudeur, et j'attendais une de ces confidences vulgaires, auxquelles nous sommes habitués, mais qui n'en sont pas moins honteuses pour les malades, lorsque, se levant avec brusquerie, elle me dit :

— Monsieur, il est fort inutile que je vous instruise du hasard auquel j'ai dû de connaître votre nom, votre caractère et votre talent.

A son accent, je reconnus une Marseillaise.

— Je suis, reprit-elle, mariée depuis trois mois à Monsieur de... chef d'escadron dans les grenadiers de la garde; c'est un homme violent et d'une jalousie de tigre. Depuis six mois je suis grosse...

En prononçant cette phrase à voix basse, elle eut peine à dissimuler une contraction nerveuse qui crispa son larynx.

— J'appartiens, reprit-elle en continuant, à l'une des premières familles de Marseille ; ma mère est madame de...

— Vous comprenez, dit le docteur en s'interrompant et nous regardant à la ronde, que je ne puis pas vous dire les noms...

— J'ai dix-huit ans, monsieur, dit-elle; j'étais promise depuis deux ans à l'un de mes cousins, jeune homme riche et fort aimable, mais appartenant à une famille exclusivement commerçante, la famille de ma mère. Nous nous aimions beaucoup... Il y a huit mois, M. de... mon mari, vint à Marseille; il est neveu de l'ancienne duchesse de... et, favori de l'empereur, il est promis à quelque haute fortune militaire: tout cela séduisit mon père. Malgré mon inclination connue, mon mariage avec le comte de... fut décidé. Ce manque de foi brouilla les deux familles. Mon père redoutant la violence du caractère marseillais, craignit quelque malheur; il voulut conclure cette affaire à Paris, où se trouvait la famille de M. de... Nous partîmes.

A la seconde couchée, au milieu de la nuit, je fus réveillée par la voix de mon cousin, et — je vis sa tête près de la mienne... Le lit où couchaient mon père et ma mère était à trois pas du mien; rien ne l'avait arrêté. Si mon père s'était réveillé, il lui aurait brûlé la cervelle... Je l'aimais... — c'est tout vous dire.

Elle baissa les yeux et soupira. J'ai souvent entendu les sons creux qui sortent de la poitrine des agonisans; mais j'avoue que ce soupir de femme, ce repentir poignant, mêlé de résignation, cette terreur produite par un moment de plaisir, dont le souvenir semblait briller dans les yeux de la jeune Marseillaise, m'ont pour ainsi dire aguerri tout à coup aux expressions les plus vives de la souffrance. Il y a des jours où j'entends encore ce soupir, et il me donne toujours une sensation de froid intérieur, lorsque ma mémoire est fidèle.

— Dans trois jours, reprit-elle en levant les yeux sur moi, mon mari revient d'Allemagne. Il me sera impossible de lui cacher l'état dans lequel je suis, et il me tuera, monsieur; il n'hésitera même pas. Mon cousin se brûlera la cervelle ou provoquera mon mari. Je suis dans l'enfer....

Elle dit cette phrase avec un calme effrayant.

— Adolphe est tenu fort sévèrement; son père

et sa mère lui donnent peu d'argent pour son entretien ; ma mère n'a pas la disposition de sa fortune ; de mon côté, moi, je ne possède rien ; cependant, entre nous trois, nous avons trouvé 4,000 francs...

— Les voici, dit-elle en tirant de son corset des billets de banque et me les présentant.

— Eh bien ! madame?... lui demandai-je.

— Eh bien ! monsieur, reprit-elle en paraissant étonnée de ma question, je viens vous supplier de sauver l'honneur de deux familles, la vie de trois personnes et celle de ma mère, aux dépens de mon malheureux enfant...

— N'achevez pas, lui dis-je avec sang froid.

J'allai prendre le Code.

— Voyez, madame, repris-je en montrant une page qu'elle n'avait sans doute pas lue, vous m'enverriez à l'échafaud. Vous me proposez un crime que la loi punit de mort, et vous seriez vous-même condamnée à une peine plus terrible peut-être que ne l'est la mienne..... Mais, la justice ne serait pas si sévère, que je ne pratiquerais pas une opération de ce genre; elle est presque toujours un double assassinat; car il est rare que la mère ne périsse pas aussi. Vous pouvez prendre un meilleur parti... Pourquoi ne fuyez-vous pas?... Allez en pays étranger.

— Je serais déshonorée...

Elle me fit encore quelques instances, mais doucement et avec un sourd accent de désespoir. Je la renvoyai...

Le surlendemain, vers huit heures du matin, elle revint. En la voyant entrer dans mon cabinet, je lui fis un signe de dénégation très-péremptoire; mais elle se jeta si vivement à mes genoux que je ne pus l'en empêcher.

— Tenez!... s'écria-t-elle, voici dix mille francs!...

— Hé! madame, répondis-je, cent mille, un million même, ne me convertiraient pas au crime... Si je vous promettais mon secours dans un moment de faiblesse, plus tard, au moment d'agir, la raison me reviendrait, et je manquerais à ma parole. Ainsi retirez-vous.

Elle se releva, s'assit, et fondit en larmes.

— Je suis morte!... s'écria-t-elle. Mon mari revient demain...

Elle tomba dans une espèce d'engourdissement; et puis, après sept ou huit minutes de silence, elle me jeta un regard suppliant; je détournai les yeux; elle me dit :

— Adieu, monsieur!...

Et disparut.

Cet horrible poëme de mélancolie m'oppressa pendant toute la journée..... J'avais toujours devant moi cette femme pâle, et je lisais toujours les pensées écrites dans son dernier regard.

Le soir, au moment où j'allais me coucher, une vieille femme en haillons, et qui sentait la boue des rues, me remit une lettre écrite sur une feuille de papier gras et jaune; les caractères, mal tracés, se lisaient à peine, et il y avait de l'horreur et dans ce message et dans la messagère.

« J'ai été massacrée par le chirurgien malhabile d'une maison de prostitution, car je n'ai trouvé de

pitié que là; mais je suis perdue. Une hémorrhagie affreuse a été la suite de cet acte de désespoir. Je suis, sous le nom de Mme Lebrun, à l'hôtel de Picardie, rue de Seine. Le mal est fait. Aurez-vous maintenant le courage de venir me visiter, et de voir s'il y a pour moi quelque chance de conserver la vie?.......
Écouterez-vous mieux une mourante?...

Un frisson de fièvre passa sur ma colonne vertébrale. Je jetai la lettre au feu, puis me couchai; mais je ne dormis pas; je répétai vingt fois et presque mécaniquement :

— Ah! la malheureuse...

Le lendemain, après avoir fait toutes mes visites, j'allai, conduit par une sorte de fascination, jusqu'à l'hôtel que la jeune femme m'avait indiqué. Sous prétexte de chercher quelqu'un dont je ne savais pas exactement l'adresse, je pris avec prudence des informations, et le portier me dit :

— Non, monsieur, nous n'avons personne de ce nom-là. Hier il est bien venu une jeune femme; mais elle ne restera pas long-temps ici... Elle est morte ce matin à midi...

Je sortis avec précipitation, et j'emportai dans mon cœur un souvenir éternel de tristesse et de terreur. Je vois passer peu de corbillards seuls et sans parens à travers Paris sans penser à cette aventure, et chaque fois j'y découvre de nouvelles sources d'intérêt. C'est un drame à cinq personnages, dont, pour moi, les destinées inconnues se dénouent de mille manières, et qui m'occupent souvent pendant des heures entières...

Nous restâmes silencieux. Le docteur avait conté cette histoire avec un accent si pénétrant, ses gestes furent si pittoresques et sa diction si vive, que nous vîmes successivement et l'héroïne et le char des pauvres conduit par les croque-morts, allant au trot vers le cimetière.

— Pendant la campagne de 1812, nous dit alors un colonel d'artillerie, j'ai été, comme le docteur, le témoin ou plutôt la cause involontaire d'un malheur qui a beaucoup d'analogie avec celui dont il vient de nous parler. Il s'agit aussi d'une femme mariée; mais si le résultat est à peu près le même, il y existe entre les deux faits de notables différences.

Lorsque nous arrivâmes à la Bérésina, il n'y avait plus, comme vous le savez, ni discipline ni obéissance militaire. Tous les rangs étaient confondus à l'armée; l'armée n'était même plus qu'un ramas d'hommes de toutes nations, qui allait instinctivement du nord au midi... Les soldats chassaient de leurs foyers un général en haillons et pieds nus, quand il n'apportait ni bois ni vivres. Après le passage de cette célèbre rivière, le désordre ne fut pas moindre.

Je sortais tranquillement, tout seul, sans vivres, sans argent, des marais de Zembin, et j'allais cherchant une maison où l'on voulût bien me recevoir. N'en trouvant pas, ou chassé de celles que je rencontrais, j'aperçus heureusement vers le soir une mauvaise petite ferme de Pologne, dont rien ne pourrait vous donner une idée, à moins que vous n'ayez vu les maisons de bois de la Basse-Normandie ou les plus pauvres métairies de la Bretagne. Ces habitations consistent en une seule chambre partagée dans un bout par une cloison en planches, et la plus petite pièce sert de magasin à fourrages. L'obscurité du crépuscule me permettait de voir de loin une légère fumée qui s'échappait de cette maison.

Espérant y trouver des camarades plus compatissans que ceux auxquels je m'étais adressé jusqu'alors, je marchai courageusement jusqu'à la ferme. En y entrant, je trouvai la table mise. Plusieurs officiers, parmi lesquels était une femme, spectacle assez ordinaire, mangeaient des pommes de terre, de la chair de cheval grillée sur des charbons et des betteraves gelées. Je reconnus parmi les convives deux ou trois capitaines d'artillerie du premier régiment, dans lequel j'avais servi.

Je fus accueilli par un hourra d'acclamations qui m'aurait fort étonné de l'autre côté de la Bérésina ; mais en ce moment le froid était moins intense ; mes camarades se reposaient, ils avaient chaud, ils mangeaient ; et la salle, jonchée de bottes de paille, leur offrait la perspective d'un bon coucher, d'une nuit de délices. Nous n'en demandions pas tant alors. Ils pouvaient être philantropes sans danger. Je me mis à manger en m'asseyant sur une botte de fourrage.

Au bout de la table, du côté de la porte par laquelle on communiquait avec la petite pièce pleine de paille et de foin, se trouvait mon ancien colonel, un des hommes les plus extraordinaires que j'aie jamais rencontrés dans tout le ramassis d'hommes qu'il m'a été permis de voir. Il était Italien. Or toutes les fois que la nature humaine est belle dans les contrées méridionales, alors elle est sublime. Je ne sais si vous avez remarqué la singulière blancheur des Italiens quand ils sont blancs...

— Cela est bien vrai, s'écria une dame; les cheveux noirs et bouclés d'une tête italienne en font valoir le teint, et il y a dans le caractère de la beauté transalpine je ne sais quelle perfection inexplicable...

— Bien, ma chère, dit la maîtresse du logis; allez, allez...

L'imprudente interlocutrice rougit et se tut.

Il y avait toute une révélation dans ce peu de paroles, dites avec une vivacité décente qui peignait les profondes observations de l'amour. Nous regardâmes tous la jeune étourdie avec une malice douce, la malice d'artistes très-indulgens de leur nature.

Pour la tirer de peine, le narrateur reprit vivement :

Lorsque je lus le fantastique portrait que Charles Nodier nous a tracé du colonel Oudet, j'ai retrouvé mes propres sensations dans chacune de ses phrases élégantes et passionnées. Italien, comme la plupart des officiers qui composaient son régiment, emprunté, du reste, par l'empereur à l'armée d'Eugène, mon colonel était était un homme de haute taille; — il avait bien huit à neuf pouces, — admirablement proportionné, un peu gros peut-être, mais d'une vigueur prodigieuse, et leste, découplé comme un lévrier. Il avait des cheveux noirs à profusion, un teint blanc comme celui d'une femme, de petites mains, un joli pied, une bouche gracieuse, un nez aquilin, dont les lignes étaient minces et dont le bout se pinçait naturellement et blanchissait qu. d il était en colère, ce qui arrivait souvent, car il était d'une irascibilité qui passe toute croyance.

Personne ne restait calme près de lui. Moi, je ne

le craignais pas, mais uniquement parce qu'il m'avait pris dans une singulière amitié, et que, de moi, il prenait tout en gré. Je l'ai vu dans des colères dont rien ne saurait donner l'idée. Alors, son front se crispait et ses muscles dessinaient au milieu de son front un *delta,* ou, pour mieux dire, le fer à cheval de Redgauntlet, qui vous terrifiait encore plus peut-être que les éclairs magnétiques de ses yeux bleus; tout son corps tressaillait; et sa force, déjà si grande à l'état normal, devenait presque sans bornes. Il grasseyait beaucoup; et sa voix, au moins aussi puissante que celle d'Oudet, jetait une incroyable richesse de son dans la syllabe ou dans la consonne sur laquelle tombait ce grasseyement. Si ce vice de prononciation était une grâce chez lui dans certains momens, lorsqu'il commandait la manœuvre ou qu'il était ému, vous ne sauriez imaginer quelle sécurité de puissance exprimait cette accentuation si vulgaire à Paris; il faudrait l'avoir entendu.

Lorsque le colonel était tranquille, ses yeux bleus peignaient une douceur angélique; son front pur avait une expression pleine de charme. A une parade il n'y avait pas à l'armée d'Italie d'homme qui pût lutter avec lui; d'Orsay lui même, le beau d'Orsay fut vaincu par notre colonel lors de la dernière revue passée par Napoléon avant d'entrer en Russie.

Tout était opposition chez cet homme privilégié. La passion vit par les contrastes : aussi ne me demandez pas s'il exerçait sur les femmes ces irrésistibles influences auxquelles leur nature se plie comme la matière vitrifiable sous la canne du souffleur ; mais, par une singulière fatalité, un observateur se rendrait peut-être compte de ce phénomène, il avait peu de femmes, ou négligeait d'en avoir.

Pour vous donner une idée de sa violence, je vais vous dire en deux mots ce que je lui ai vu faire dans un paroxisme de colère.

Nous montions avec nos canons un chemin très-étroit, bordé d'un côté par un talus assez haut, et de l'autre par des bois. Au milieu du chemin, nous nous rencontrâmes avec un autre régiment d'artillerie, à la tête duquel était le colonel. Ce colonel veut faire reculer le capitaine de notre régiment, qui se trouvait en tête de la première batterie ; celui-ci s'y refuse; l'autre fait signe à sa première batterie d'avancer; et malgré le soin que le conducteur mit à se jeter sur le bois, la roue du premier canon prit la jambe droite de notre capitaine et la lui brisa, en le renversant de l'autre côté de son cheval. Tout cela fut l'affaire d'un moment. Notre colonel se trouvait à une faible distance, il devina la querelle, accourut au grand galop en passant à travers les pièces et le bois au risque de se jeter les quatre fers en l'air, et arriva sur le terrain, en face de l'autre colonel, au moment où notre capitaine criait : — A moi !... en tombant.

Non, notre colonel italien n'était plus un homme !... Il avait de l'écume à la bouche; il grondait comme un lion; hors d'état de prononcer une parole et même un cri, il fit un signe effroyable à son antagoniste, en lui montrant le bois et tirant son sabre. Ils y entrèrent. En deux secondes, nous vîmes son adversaire à terre, la tête fendue en deux. Les autres reculèrent, ah! fistre! et bon train!...

Il faut vous dire que le capitaine que l'on avait manqué de tuer, et qui jappait dans le bourbier, où la roue du canon l'avait jeté, avait pour femme une ravissante Italienne de Messine, qui était la maîtresse de notre colonel. Cette circonstance avait augmenté sa fureur; car ce mari lui appartenait, faisait partie de son bagage, et il devait le défendre comme une chose à lui.

Or ce capitaine était en face de moi, dans la cabane où je reçus un si favorable accueil; et sa femme se trouvait à l'autre bout de la table, vis-à-vis le colonel. Elle se nommait *Rosina*. C'était une petite femme, fort brune, mais portant, dans ses yeux noirs et fendus en amande, toutes les ardeurs du soleil de la Sicile. Quoiqu'elle fût en ce moment dans un déplorable état de maigreur; qu'elle eût les joues couvertes de poussière comme un fruit exposé aux intempéries d'un grand chemin; qu'elle fût vêtue de haillons, fatiguée par les marches; que ses cheveux en désordre et collés ensemble fussent entièrement cachés sous un morceau de châle en marmotte, il y avait encore de la femme chez elle; ses mouvemens étaient jolis; sa bouche rose et chiffonnée, ses dents blanches, les formes de sa figure, sa gorge, attraits que la misère, le froid, l'incurie, n'avaient pas tout-à-fait dénaturés, parlaient encore d'amour à qui pouvait penser à une femme. C'était, du reste, une de ces natures frêles en apparence, mais nerveuses, pleines de force et construites pour la passion.

Le mari, gentilhomme piémontais, était petit ; sa figure annonçait une bonhomie goguenarde, s'il est permis d'allier ces deux mots. Courageux, instruit, il paraissait ignorer les liaisons qui existaient entre sa femme et le colonel depuis environ deux ans. J'attribuais ce laisser-aller aux mœurs italiennes ou à quelque secret de ménage ; mais il y avait dans la physionomie de cet homme un trait qui m'inspirait toujours une involontaire défiance. Sa lèvre inférieure était mince et s'abaissait aux deux extrémités, au lieu de se relever, ce qui me semblait trahir un fonds de cruauté dans ce caractère, en apparence flegmatique et paresseux.

Vous devez bien imaginer que la conversation n'était pas très-brillante lorsque j'arrivai. Mes camarades, fatigués, mangeaient en silence. Naturellement ils me firent quelques questions, et nous nous racontâmes nos malheurs, tout en les entremêlant de réflexions sur la campagne, sur les généraux, sur leurs fautes, sur les Russes et le froid.

Un moment après mon arrivée, le colonel, ayant fini son maigre repas, s'essuya les moustaches, nous souhaita le bonsoir, et jetant son regard à l'Italienne :

— Rosina?... lui dit-il.

Puis, sans attendre sa réponse, il alla se coucher dans la petite grange aux fourrages.

Le sens de l'interpellation du colonel était facile à saisir ; aussi la jeune femme laissa-t-elle échapper un geste indescriptible qui peignait tout à la fois, et la contrariété qu'elle devait éprouver à voir sa dépendance affichée, sans aucun respect humain, et l'offense faite à sa dignité de femme, ou à son mari ; puis, il y eut aussi dans la crispation rapide des traits de son visage, dans le rapprochement violent de ses sourcils, une sorte de pressentiment : elle eut peut-être une prévision de sa destinée. Rosina resta tranquillement à table ; mais un instant après, et vraisemblablement lorsque le colonel fut couché dans son lit de foin ou de paille, il répéta :

— Rosina?...

L'accent de ce second appel fut encore plus brutalement interrogatif que ne l'avait été l'autre. Le grasseyement du colonel et le nombre que la langue italienne permet de donner aux voyelles et aux finales, peignirent tout le despotisme, l'impatience, la volonté de cet homme.

Rosina pâlit, mais elle se leva, passa derrière nous, et rejoignit le colonel.

Tous mes camarades gardèrent un profond silence ; mais moi, malheureusement, je me mis à rire après les avoir tous regardés, et mon rire se répéta de bouche en bouche.

— *Tu ridi?...* dit le mari.

— Ma foi, mon camarade, lui répondis-je en redevenant sérieux, j'avoue que j'ai eu tort... Je te demande mille fois pardon, et si tu n'es pas content des excuses que je te fais, je suis prêt à te rendre raison...

— Ce n'est pas toi qui as tort, c'est moi !... reprit-il froidement.

Là-dessus, nous nous couchâmes dans la salle ; et bientôt nous nous endormîmes tous d'un profond sommeil.

Le lendemain, chacun, sans éveiller son voisin, sans chercher un compagnon de voyage, se mit en route à sa fantaisie, avec cette espèce d'égoïsme qui a fait de notre déroute un des plus horribles drames de personnalité, de tristesse et d'horreur, qui jamais se soit passé sous le ciel.

Cependant, à sept ou huit cents pas de notre gîte, nous nous retrouvâmes presque tous, et nous marchâmes ensemble, comme des oies conduites en troupe par le despotisme aveugle d'un enfant : une même nécessité nous poussait.

Arrivés à un petit monticule d'où l'on pouvait encore apercevoir la ferme où nous avions passé la nuit, nous entendîmes des cris qui ressemblaient au rugissement des lions dans le désert, au mugissement des taureaux ; mais non, cette clameur ne pouvait se comcomparer à rien de connu. Néanmoins nous distinguâmes un faible cri de femme mêlé à cette horrible et sinistre râle. Nous nous retournâmes tous, en proie à je ne sais quel sentiment de frayeur; alors nous ne vîmes plus la maison ; mais un vaste bûcher. L'habitation était tout en flammes, et des tourbillons de fumée, enlevés par le vent, nous apportaient et les sons rauques et je ne sais quelle vapeur forte.

A quelques pas de nous marchait le capitaine ; il vevenait tranquillement se joindre à notre caravane.....

Nous le contemplâmes tous en silence, car nul n'osa l'interroger; mais lui, devinant notre curiosité, tourna sur sa poitrine l'index de la main droite; et, de la gauche, montrant l'incendie :

— *Son'io!* dit-il... C'est moi !...

Nous continuâmes à marcher, sans lui faire une seule observation.

— Toutes vos histoires sont épouvantables !... dit la maîtresse du logis, et vous me causerez cette nuit des cauchemars affreux. Vous devriez bien dissiper les impressions qu'elles nous laissent en nous racontant quelque histoire gaie, ajouta-t-elle en se tournant vers un homme gros et gras, homme de beaucoup d'esprit et qui devait partir pour l'Italie, où l'appelaient des fonctions diplomatiques.

— Volontiers, répondit-il.

— Madame de... reprit-il en souriant, la femme d'un ancien ministre de la marine sous Louis XVI, se trouvait au château de... où j'avais été passer les vacances de l'année 180... Elle était encore belle, malgré trente-huit ans avoués, et en dépit des malheurs qu'elle avait essuyés pendant la révolution. Appartenant à l'une des meilleures maisons de France, elle avait été élevée dans un couvent. Ses manières, pleines de noblesse et d'affabilité, étaient empreintes d'une grâce indéfinissable. Je n'ai connu qu'à elle une certaine manière de marcher qui imprimait autant de respect qu'elle inspirait de désirs. Elle était grande, bien faite et pieuse. Il est facile d'imaginer l'effet qu'elle devait produire sur un petit garçon de treize ans : c'était alors mon âge. Sans avoir précisément peur d'elle, je la regardais avec une inquiétude désireuse et avec de vagues émotions qui ressemblaient aux tressaillemens de la crainte.

Un soir, par un de ces hasards dont il est difficile de rendre compte, sept ou huit des dames qui habitaient le château se trouvèrent seules, sur les onze heures du soir, devant un de ces feux qui ne sont ni pétillans ni éteints, mais dont la chaleur moite dispose peut-être à une causerie plus intime, en communiquant aux fibres une sorte d'épanouissement qui les béatifie.

Madame de .. jeta un regard d'espion sur les hauts lambris et les vieilles tapisseries de l'immense salon.

Ses grands yeux noirs tombèrent sur un coin passablement obscur où j'étais tapi derrière une duchesse aux pieds contournés : ce fut comme un regard de feu; mais elle ne me vit pas. J'étais resté coi en entendant ces dames raconter, *sotto voce*, des histoires auxquelles je ne comprenais rien; mais les rires de bon aloi qui terminaient chaque narration avaient piqué ma curiosité d'enfant.

A votre tour, avaient dit en chœur les châtelaines à madame de... allons, contez-nous comment...

Elle conservait peut-être une vague inquiétude de m'avoir vu jouant auprès d'elle; elle se leva, comme pour faire le tour du meuble énorme derrière lequel j'étais tapi; mais une vieille dame, plus impatiente que les autres, lui prit la main en lui disant :

— Le petit est couché, ma chère; d'ailleurs, voudriez-vous paraître plus prude que nous...

Alors la belle dame de... toussa, ses yeux se baissèrent souvent, et elle commença ainsi :

« J'étais au couvent de... et je devais en sortir au bout de trois jours pour épouser M. le comte de F...

mon mari. Mon bonheur futur, envié par quelques-unes de mes compagnes, donnait lieu pour la vingtième fois à des conjectures que je vous épargne, puisque d'après vos récits vous vous en êtes toutes occupées en temps et lieu.

» Trois jeunes personnes de mon âge et moi, qui ne pouvions pas faire ensemble soixante-dix ans, étions groupées devant la fenêtre d'un corridor, d'où l'on voyait ce qui se passait dans la cour du couvent. Depuis une heure environ, nos jeunes imaginations avaient cultivé le champ des suppositions d'une manière si folle et si innocente, je vous jure, qu'il nous était impossible de déterminer en quoi consistait le mariage ; mes idées étaient même devenues si vagues que je ne savais plus sur quoi les fixer.

» Une sœur de trente à quarante ans, qui nous avait prises en amitié, vint à passer ; c'était, autant que je me le rappelle, la fille d'un campagnard fort riche : elle avait été mise au couvent dès sa jeunesse, soit pour avantager son frère, soit à cause d'une aventure qu'elle ne racontait qu'à son honneur et gloire. Mademoiselle de Langeac, qui était plus libre qu'aucune de nous avec elle, l'arrêta et lui exposa assez

UNE CONVERSATION

...........ment le danger qu'il pouvait y avoir pour ..... d'ignorer les conditions de la nature humaine.

« La religieuse avisa dans la cour un maudit animal qui revenait du marché, et qui dans le moment, par la fierté de son allure, la puissance de développement de tout son être, formait la plus brillante définition du mariage que l'on pût donner.

Là, le groupe féminin se rapprocha, madame de... parla à voix basse, les dames chuchotèrent et tous les yeux brillèrent comme des étoiles ; mais je ne pus entendre de la réponse de la religieuse que deux mots latins employés par la belle dame, et qui étaient, je crois : *Ecce homo !*...

« A cet aspect, reprit madame de... dont la voix remonta insensiblement au diapason doux et clair qui avait donné le ton aux juvéniles confidences de ces dames, je manquai de me trouver mal. Je pâlis en regardant mademoiselle de Fiennes que j'aimais beaucoup, et la terreur que j'ai ressentie depuis en pensant au jour où je devais monter sur l'échafaud n'est pas comparable à celle dont je fus la proie en songeant à la première nuit de mes noces. Je croyais être faite autrement que toutes les femmes. Je n'osais parler à ma mère; je regardais le comte avec un curieux effroi, sans en être plus instruite. Je ne vous dirai pas toutes les pensées martyrisantes dont je fus assaillie; l'idée d'un pareil supplice a été jusqu'à me faire rester, la veille de mon mariage, à tenir pendant environ une heure le bouton doré qui servait à ouvrir la porte de la chambre où dormait ma mère, sans pouvoir me décider à entrer, à la réveiller et à lui faire part de l'impossibilité où me mettait la nature d'être femme un jour.

» Bref! je fus menée plus morte que vive dans la chambre nuptiale... »

Ici madame de... ne put s'empêcher de sourire, et elle ajouta, non sans quelque mine de sainte nitouche :

« Mais j'ai vu que tout ce que Dieu a fait est bien fait, et que la pauvre bécasse de religieuse avait essayé, comme Garo, de mettre des citrouilles à un chêne. »

— Monsieur, dit une jeune dame, si vos histoires

gaies commencent ainsi, comment finiront-elles?...

—Oh! monsieur n'a jamais pu rien conter sans y mettre un trait un peu trop vif, et vraiment je le redoute. J'espère toujours qu'il s'est corrigé...

—Mais où est le mal?... demanda naïvement le narrateur. Aujourd'hui vous voulez rire, et vous nous interdisez toutes les sources de la gaieté franche qui faisait les délices de nos ancêtres. Otez les tromperies de femmes, les ruses de moines, les aventures un peu breneuses de Verville et de Rabelais, où sera le rire?... Vous avez remplacé cette *poétique* par celle des calembourgs d'Odry!... Est-ce un progrès?... Aujourd'hui nous n'osons plus rien!... A peine une honnête femme permettrait-elle à son amant de lui raconter la bonne histoire du cocher de fiacre disant à une dame : *Voulez-vous trinquer?*..... Il n'y a rien de possible avec des mœurs aussi tacitement libertines ; car je trouve vos pièces de théâtre et vos romans plus gravement indécens que la crudité de Brantôme, chez lequel il n'y a ni arrière-pensée ni préméditation. Le jour où nous avons donné de la chasteté au langage, les mœurs avaient perdu la leur.

— La philantropie a ruiné le conte!..... reprit un vieillard.

— Comment?... dit la femme d'un peintre.

— Pour qu'un conte soit bon, il faut toujours qu'il vous fasse rire d'un malheur, répondit-il.

— Paradoxe!... s'écria un journaliste.

— Aujourd'hui, reprit le vieillard en souriant, les sots se servent trop souvent de ce mot-là, quand ils ne peuvent pas répondre, pour qu'un homme d'esprit l'emploie.

Il y eut un moment de silence.

— Autrefois, dit le vieillard, les gens riches se faisaient enterrer dans les églises. Alors il y avait un intervalle entre l'enterrement réel et le convoi, parce que la tombe n'était pas toujours prête à recevoir le mort. Cet inconvénient avait obligé les curés de Paris à faire garder pendant un certain laps de temps les cercueils dans une chapelle où se trouvait un sépulcre postiche. C'était en quelque sorte un vestibule où les morts attendaient. Il y avait un prêtre de garde près de la chapelle mortuaire, et les familles payaient les prières de surérogation qui se disaient pendant la nuit ou pendant le jour qui s'écoulait entre l'enterrement factice et l'inhumation définitive. Excusez-moi de vous donner ces détails; mais aujourd'hui, pour beaucoup de personnes, ils sont de l'histoire...

Un pauvre prêtre, nouveau venu à Saint-Sulpice, débuta dans l'emploi de garder les morts... Un vieux maître des requêtes de l'hôtel avait été enterré le matin. Au commencement de la nuit, le prêtre de province fut installé dans la chapelle, et chargé de dire les prières à la lueur des cierges. Le voilà seul, au coin d'un pilier, dans cette grande église. Il dit un psaume, et quand le psaume est fini.

— Pan! pan!...

Il entend trois petits coups frappés faiblement...

Les oreilles lui tintent; il regarde la voûte, les dalles, les piliers... et finit par croire que ses confrères veulent lui jouer quelque tour, comme cela se fait dans les couvens pour les novices. Alors il se remet à dépêcher un autre psaume; et de verset en verset.

— Pan! pan! pan!

Le prêtre répondit :

— Oui ! oui ! frappe !... Je t'en casse !...

Enfin les coups diminuèrent, et ne se firent plus entendre que de loin à loin.

Vers le matin, un vieux prêtre vint relever de faction le débutant. Celui-ci lui donne le livre, la chaise, et s'en va.

— Pan ! pan ! pan !

— Qu'est-ce que c'est que ça ?... demanda le vieux prêtre.

— Oh ! ce n'est rien, répondit le nouveau ; c'est le mort qui a un tic...

— Je croirais volontiers que ce mot est vrai... dit un professeur d'histoire. Il est saturé de cet esprit rustique si précieux chez les vieux auteurs, et qui se retrouve souvent peut-être chez le paysan. Ce prêtre venait d'en-deçà la Loire... Le villageois est une nature admirable. Quand il est bête, il va de pair avec l'animal ; mais quand il a des qualités, elles sont exquises ; malheureusement personne ne l'observe. Il a fallu je ne sais quel hasard pour que Goldsmith ait fait *le Vicaire de Wakefield*. Aussi la vie campagnarde et paysanne attend un historien.

— Votre observation me rappelle, dit un ancien fonctionnaire impérial, un trait qui peut servir de preuve à votre opinion. Il donne tout-à-fait l'idée d'un homme trempé comme devait l'être le paysan du Danube.

En 1813, lors des dernières levées d'hommes dont Napoléon eut besoin, et que les préfets firent avec une rigueur qui contribua peut-être à la première chute de l'empire, le fils d'un pauvre métayer des environs d'une ville que je ne vous nommerai pas, car ce serait vous désigner le préfet, refusa de partir, et disparut.

Les premières sommations exécutées, l'on en vint aux mesures de rigueur contre le père et la mère. Enfin un matin, le préfet, ennuyé de voir cette affaire traîner en longueur, mande le père devant lui.

Le paysan vint à la préfecture; et là, le secrétaire général d'abord, puis le préfet lui-même, essayèrent par des paroles de persuasion de convertir à l'évangile

impérial le père du réfractaire, et de lui arracher le
secret de la retraite où son fils était caché.

Ils échouèrent contre le système de dénégation dans
lesquels les paysans se renferment avec l'instinct de
l'huître, qui défie ses agresseurs à l'abri de sa rude
écaille. Des douceurs, le préfet et son secrétaire passèrent aux menaces, et ils se mirent très-sérieusement
en colère, et rudoyèrent le pauvre homme, qui les regardait avec un grand flegme, en tortillant son chapeau à bords rabattus.

— Nous saurons bien te faire retrouver ton fils, disait le secrétaire.

— Je le voudrais bien, monseigneur, répondait le
paysan.

— Il me le faut mort ou vif, s'écria le préfet, en
forme de conclusion.

Là dessus le père s'en revint désolé chez lui ; car il
ne savait réellement pas où était son fils et se doutait
bien de ce qui allait arriver.

En effet, le lendemain, il vit dès le matin, en allant
aux champs, le chapeau bordé d'un gendarme qui ga-

lopait le long des haies, et que le préfet envoyait loger chez lui, jusqu'à ce que le réfractaire se fût retrouvé.

Il fallut donc chauffer, blanchir, éclairer le garnisaire et le nourrir son cheval et lui. Le paysan y mangea ses économies, vendit la croix d'or, les boucles d'oreilles, de souliers, les agrafes d'argent et les hardes de sa femme; puis un champ qu'il avait, et enfin sa maison.

Avant de vendre la maison et le morceau de terre dont elle était environnée, il y eut une horrible dispute entre la femme et le mari, celui-ci prétendait qu'elle savait où était son fils... Le gendarme fut obligé de mettre le holà, au moment où le paysan s'emporta, car il avait pris son sabot pour le jeter à la tête de sa femme.

Depuis cette soirée, le garnisaire ayant pitié de ces deux malheureux menait son cheval paître le long des chemins et dans les prés communaux. Quelques voisins se cotisèrent pour lui fournir de l'avoine et de la paille; la plupart du temps le gendarme achetait de la viande, et l'on s'entendait pour soutenir ce pauvre ménage. Le paysan avait parlé de se pendre.

Enfin, un jour qu'il fallait du bois pour cuire le

dîner du gendarme, le père du réfractaire était allé dès le matin dans une forêt voisine pour ramasser des branches mortes et faire provision de bois.

A la nuit, il aperçut dans un fourré, près des habitations, une masse blanche, et ayant été voir ce que cela pouvait être, il reconnut son fils. Il était mort de faim, et avait encore entre les dents l'herbe qu'il avait essayé de manger.

Le paysan chargea son enfant sur ses épaules, et, sans le montrer à personne, sans rien dire, il le porta pendant trois lieues; il arriva à la préfecture, s'enquit où était le préfet, et, apprenant qu'il était au bal, il l'attendit; et quand celui-ci rentra, sur les deux heures du matin, il trouva le paysan à sa porte, qui lui dit :

— Vous avez voulu mon fils, monsieur le préfet, le voilà !

Il mit le cadavre contre le mur et s'enfuit.
Maintenant, lui et sa femme mendient leur pain.

—Ceci est tout bonnement sublime, reprit le médecin; mais je crois que si les actions des paysans sont si complètes, si simplement belles, c'est que, chez eux, tout est naturel et sans art ; ils obéissent toujours au cri de la nature; leur ruse même, leur astuce, si célèbres et si formidables, sont un développement de l'instinct humain. Ils sont cauteleux dans les affaires, et dissimulés, comme tous les gens faibles, en présence d'un ennemi puissant ; et, ne faisant pas abus de la pensée, ils la trouvent comme la foi, très-robuste dans leur ame, au moment où ils en font usage. La foi du charbonnier est un proverbe.

Ce qui m'étonne le plus en eux, ajouta-t-il, c'est leur détachement de la vie, et je ne comprends pas qu'en estimant si peu une existence si chargée de peines et de travail, ils soient si peu vindicatifs, et ne la risquent pas plus souvent, par calcul. Ils n'ont pas le temps peut-être de réfléchir ou de combiner de grandes choses.

— C'est ce qui sauve la civilisation de leurs entreprises, dit quelqu'un.

— Encore la civilisation !... répéta le médecin d'un air comi-tragique.

—Mais, docteur lui dis-je, je vous assure que je

connais un petit pays de Touraine où les gens de la campagne font mentir vos observations. Du côté de Chinon, les naturels de notre pays sont possédés d'une fureur courte et vive qui leur donne l'énergie de se livrer à leurs passions, puis ils rentrent soudain dans cette douceur spirituelle et railleuse qui distingue le caractère tourangeau. Serait-ce que Caïn aurait peuplé les environs de Chinon, dont les habitans sont nommés *Caïnones* dans les cartulaires; ou faut-il attribuer ce sentiment de vengeance immédiate à la vie sauvage que mènent les habitans des campagnes? Le docteur Gall aurait bien dû venir visiter le Chinonnais, où, du reste, il y a de fort honnêtes gens. Un des avocats les plus distingués de ce pays me disait en riant que cet arrondissement devrait lui constituer une rente, parce que la plupart des procès civils et criminels étaient issus de ce pays si célébré par Rabelais. Quant à moi, j'ai vu de mes yeux un exemple frappant de cette observation, dont je ne voudrais pas cependant garantir la vérité psychologique.

Voici le fait :

— Je revenais, en 184 , d'Azai à Tours par la

voiture de Chinon. En prenant ma place, je vis, sur la banquette de derrière deux gendarmes, entre lesquels était un gars d'environ vingt-deux ans.

— Qu'a-t-il donc fait celui-là?... dis-je au brigadier, croyant qu'il s'agissait de quelque délit forestier ou autre.

— Presque rien... répondit le gendarme; il s'est permis de rompre avec une barre de fer l'échine de son maître, et il l'a tué, pas plus tard qu'hier...

Là-dessus, grand silence. Je voyageais en compagnie d'un assassin. Celui-ci se tenait coi dans la cariole, regardant avec assez d'insouciance les arbres du chemin, qui fuyaient avec autant de rapidité que sa vie promise à l'échafaud. Il avait une figure douce, quoique brune et fortement colorée.

— Pourquoi donc a-t-il assommé son maître?..... dis-je au brigadier.

— Pour une misère... répondit le gendarme. En allant à la foire de Tours, son bourgeois, qui était un fort métayer, avait promis de rapporter les cadeaux d'usage à la fille de basse-cour et à ce gars-là... Pour lors, il s'agissait d'un tablier pour elle, et d'un gilet rouge pour lui. Au retour, il paraît que le fermier eut quelque motif de mécontentement contre lui. Il donna bien le tablier à la fille, mais il garda le gilet. Assoupi par la chaleur, et fatigué, vu qu'il avait fait la route sans arrêt et à cheval, il s'endormit sur le coin de sa table, dans la salle. Alors le gars prit la barre de fer, et lui en asséna un grand coup sur la nuque; le métayer a encore eu la force de se relever et de lui dire :

— Malheureux !...

Et il lui a donné un second coup, qui finalement l'a tué raide. Et après il a été se cacher dans l'écurie avec le gilet; mais il n'a pas seulement pris un liard de l'argent que son maître rapportait de Tours, et il s'est laissé empoigner sans résistance.

— Comment, lui dis-je, en me tournant vers le paysan, as-tu pu tuer un homme pour un gilet?...

— Dam !... j'avais compté là-dessus pour aller à la danse.

Ce fut tout ce que je tirai de ce garçon... qui ne paraissait point méchant du tout. Les gendarmes ne lui avaient seulement pas lié les mains. La voiture vint à verser au-dessus de Bellon. — Mais non, elle ne versa pas. L'un des brancards s'était cassé. Nous en sortîmes tous; les gendarmes se mirent de chaque côté de ce malheureux en le laissant libre; néanmoins ils avaient l'œil sur lui. Ce gaillard-là, voyant le conducteur s'y prendre assez mal pour relever la patache, l'aida, lia lui-même une perche pour remplacer le brancard; et quand tout fut fini :

— Ah ! ça ira !... maintenant, dit-il en achevant de serrer le dernier nœud d'une corde, et il remonta dans cette voiture qui le menait pour ainsi dire au supplice. Il fut exécuté à Tours.

— Bah ! ce sang froid n'a rien de bien extraordinaire, dit un jeune homme qui était venu du salon du jeu, au milieu de ma narration, et n'avait pas assisté aux prémisses de mon argumentation. Il existe une foule d'anecdotes sur les derniers momens des criminels; et, si je vous cite à ce propos un fait de ce genre, bien autrement curieux, c'est parce que je le crois peu connu; je l'ai entendu raconter à l'auteur des *Souvenirs de la Révolution*. Le syndic du tribunal de Brest se nommait Vignes, et le président Vigneron. Ils furent condamnés à mort. En se trouvant sur l'échafaud, l'un d'eux, M. Vignes, dit à l'autre en lui montrant la foule :

— Hein! ils vont se trouver bien embarrassés sans vignes ni vigneron.

M. Vignes passa le premier; mais au moment où le couteau lui tranchait la tête, les deux montans de la guillotine se désunirent; enfin il se dérangea quelque chose dans l'instrument du supplice, et comme il était fort tard, l'exécuteur des hautes-œuvres républicaines dit au président :

— Ma foi, monsieur, vous voilà sauvé; car c'est quelque chose que vingt-quatre heures par ce temps-ci.

— Il faut que tu sois un grand lâche, répondit M. Vigneron. Comment, parce que tes planches ont un peu joué, tu vas me faire attendre? Le jugement ne m'a pas condamné à vivre vingt-quatre heures de plus...

Il prit lui-même le marteau, les clous, et raccommoda la guillotine; puis, quand elle fut jugée solide, il se coucha sur la planche, et fut exécuté.

Ceci est autre chose que de mettre une perche à un brancard, et c'est du sang froid argent comptant...

— Docteur, dit une dame, vous qui devez voir beaucoup de mourans, avez-vous rencontré souvent des exemples de cette singulière tranquillité?...

— Madame, dit-il, les criminels sont ordinairement des gens doués d'une organisation très-puissante, en sorte qu'ils ont plus de chances que les malades affaiblis par de longues agonies pour dire de jolies choses. On les tue vivans, tandis que les malades meurent tués. Puis, chez certains hommes, l'ame est fortement excitée par l'attente du supplice, et ils rassemblent toutes leurs forces pour soutenir cet assaut. Il y a exaltation. Cependant j'ai vu de belles morts particulières... Pour moi, la plus belle a été celle de la femme d'un célèbre médecin allemand, auquel j'étais fort attaché. Le tableau que cette scène nous offrit est toujours vif et coloré comme au moment où j'en fus témoin.

Nous avions passé la nuit au chevet de la mourante; elle était attaquée de la poitrine, et la pulmonie, arrivée au dernier degré, ne laissait aucun espoir. Mon maître s'était endormi; sa femme, s'étant réveillée vers quatre heures du matin, me fit, de la manière la plus touchante et en souriant, un signe amical pour me dire de la laisser reposer, et cependant elle allait mourir. Elle était arrivée à une maigreur extraordinaire; mais son visage avait conservé ses traits et ses formes, qui étaient belles. Sa pâleur faisait ressembler sa peau à de la porcelaine derrière laquelle il y a une lumière. Ses yeux vifs et ses couleurs tranchaient sur ce teint plein d'une molle élégance, et il y avait dans sa physionomie une sorte de sublimité qui imposait. Elle paraissait plaindre son mari, auquel sa vie avait été vouée; mais ce sentiment prenait sa source dans une tendresse élevée, qui semblait ne plus connaître de bornes aux approches de la mort. Le silence était profond; la chambre, doucement éclairée par une lampe, avait l'aspect de toutes les chambres de malades au moment de la mort. C'était un désordre pittoresque....... En ce moment, la pendule sonna, et le docteur, au désespoir d'avoir dormi, se réveilla. Je ne vis pas le geste d'impatience par lequel il peignit le regret qu'il éprouvait d'avoir perdu de vue sa femme pendant un des derniers momens qui lui étaient accordés ; mais il est sûr qu'une personne autre que la mourante aurait pu s'y tromper. Ce médecin, homme d'un grand talent, avait mille de ces bizarreries apparentes qui font prendre les gens de génie pour des fous, mais dont l'explication se trouve dans la nature exquise et les exigences de leur esprit. Il vint se mettre dans un fauteuil, près du lit de sa femme, et la regarda fixement. Alors elle avança un peu la main, prit celle de son mari, la serra faiblement, et d'une voix douce, mais émue, elle lui dit :

— Mon pauvre ami, qui donc maintenant te comprendra?...

Puis elle mourut en le regardant.

— Les histoires que conte le docteur, reprit une dame après un moment de silence, me font des impressions bien profondes.

Le médecin salua gravement.

— Oui, elles sont douces et intéressantes; il nous émeut sans employer les atrocités si fort à la mode aujourd'hui...

— Ma réserve, dit-il, n'est certes pas de l'impuissance, et je vous prie de croire, madame, que j'ai ma provision d'horrible tout comme un autre.

— Eh bien! s'écria la maîtresse de la maison, racontez-nous un peu quelque chose d'affreux. Je voudrais voir la couleur de votre tragique, quand ce ne serait que pour le comparer avec celui qui a présentement cours à la bourse littéraire.

— Malheureusement, madame, je ne parle que de ce que j'ai vu.

— Eh bien!

— Mais je dois avoir le dessous avec les gens qui ont sur moi tous les avantages que donne l'imagination. Je ne puis pas vous mettre en scène deux frères nageant en pleine mer et se disputant une planche... ou un homme qui a entrepris de manger un régiment à la croque-au-sel. Je ne puis être que vrai.

— Eh bien! nous nous contenterons de la vérité.

— Je ne veux pas me faire prier, reprit-il, et il se moucha.

— Le hasard, dit-il, me mit autrefois en relation avec un homme qui avait roulé dans les armées de Napoléon, et dont alors la position était assez brillante pour un militaire de son grade. Il était capitaine, et occupait à l'état-major de Paris, je crois, une place qui lui valait de quatre à cinq mille francs; en outre il possédait quelque fortune. Où l'avait-il prise, je ne sais. Il était de basse extraction, et pour n'avoir pas d'avancement sous l'empire, il fallait être un traînard, un niais, un ignorant ou un lâche. Cependant il y a aussi des gens malheureux. Mon homme n'était rien de tout cela; c'était le type des mauvais soudards, débauché, buveur, fumeur, vantard, plein d'amour-propre, voulant primer partout, ne trouvant d'inférieurs que dans la mauvaise compagnie et s'y plaisant, racontant ses exploits à tous ceux qui ne savaient pas si une demi-lune est quelquefois entière, enfin un vrai *chenapan*, comme il s'en est tant rencontré dans les armées; ne croyant ni à Dieu ni au diable; bref pour achever de vous le peindre, il suffira de vous dire ce qui m'arriva un jour que je l'avais rencontré du côté de la Bastille. Nous allions l'un et l'autre au Palais-Royal. Nous cheminâmes par les boulevards. Au premier estaminet qui se trouva :

— Permettez-moi, dit-il, d'entrer là un petit moment ; j'ai un restant de tabac à y prendre et un verre d'eau-de-vie.

Il avala le petit verre d'eau-de-vie, et reprit en effet une pipe chargée et un peu de tabac à lui.

Au second estaminet il avait achevé de fumer son restant de tabac, et recommença son antienne. Ce diable d'homme avait des restans de tabac dans tous les estaminets, et c'étaient comme autant de relais pour des pipes et son gosier. Il avait établi dans Paris ses lignes de communication. Je ne vous parlerai pas de ses moustaches grises, de ses vêtemens caractéristiques, de son idiome et de ses tics, ce serait vous en entretenir jusqu'à demain. Je crois qu'il ne s'était jamais peigné les cheveux qu'avec les cinq doigts de la main. J'ai toujours vu à son col de chemise la même teinte blonde. Eh bien ! cet homme-là, ce chenapan, avait une assez belle figure, figure militaire, de grands traits, une expression de calme; mais j'ai toujours cru lire au fond de ses yeux verts de mer et tachetés de points orangés quelques-unes de ces aventures où il y a de la fange et du sang. Ses mains ressemblaient à des éclanches. Il était d'une taille médiocre, mais large des épaules et de la poitrine, un vrai corsaire. Par-dessus tout cela il se disait un des vainqueurs de la Bastille. Cet homme rencontra une jeune fille assez folle pour s'amouracher de lui. C'était une grisette, mais un amour de feu. Elle avait nom Clarisse, et travaillait chez une fleuriste. Elle avait tout joli, la taille, les pieds, les cheveux, les mains, les formes, les manières. Son teint était blanc, sa peau satinée. Il n'y a vraiment qu'à Paris que se trouvent ces espèces de produits et ces sortes de passions. Jamais je n'ai vu de contraste aussi tranché que l'opposition présentée par ce singulier couple. Clarisse était toujours mignonne, propre et bien mise. Par amour-propre, le capitaine lui donnait tout ce qu'elle lui demandait, et la pauvre enfant lui demandait peu de choses : c'étaient la partie de spectacle, quelques robes, des bijoux. Jamais elle ne voulut être épousée; et s'il la logea, s'il meubla son appartement, ce fut par vanité. Cette jeune fille était le dévouement même. J'ai souvent pensé que ces pauvres créatures obéissent à je ne sais quelle charitable mission en se donnant à ces hommes si rebutans, si rebutés, aux mauvais sujets. Il y a dans ces actes du cœur un phénomène qu'il serait intéressant d'analyser.

Clarisse tomba malade; elle eut une fièvre putride, à laquelle se mêlèrent de graves accidens, et le cerveau fut entrepris. Le capitaine vint me chercher; je trouvai Clarisse en danger de mort, et, prenant son protecteur à part, je lui fis part de mes craintes.

— Il faut, lui dis-je, avoir une bonne garde-malade au plus tôt; car cette nuit sera très-critique.

En effet, j'avais ordonné de mettre à une certaine heure des sinapismes aux pieds, puis d'appliquer, une demi-heure après l'effet du topique, de la glace sur la tête, et lorsqu'elle serait fondue, de placer un cataplasme sur l'estomac... Il y avait d'autres prescriptions dont je ne me souviens plus.

— Oh! me répondit-il, je ne me fierais point à une garde; elles dorment, elles font les cent coups, tourmentent les malades. Je veillerai moi-même, et j'exécuterai vos ordonnances comme si c'était une consigne.

A huit heures du matin, je revins, fort inquiet de Clarisse; mais en ouvrant la porte, je fus suffoqué par les nuages de fumée de tabac qui s'exhalèrent, et au milieu de cette atmosphère brumeuse, je vis à peine, à la lueur de deux chandelles, mon homme fumant sa pipe et achevant un énorme bol de punch. Non, je n'oublierai jamais ce spectacle. Auprès de lui Clarisse râlait et se tordait; il la regardait tranquillement. Il avait consciencieusement appliqué les sinapismes, la glace, les cataplasmes; mais aussi le misérable, en faisant son office de garde-malade, trouvant Clarisse admirablement belle dans l'agonie, avait sans doute voulu lui dire adieu; du moins le désordre du lit me fit comprendre les événemens de la nuit. Je m'enfuis, saisi d'horreur : Clarisse mourait.

— L'horrible vrai est toujours plus horrible encore!... dit le sculpteur.

— Il y a de quoi frémir quand on songe aux malheurs, aux crimes qui sont commis à l'armée, à la suite des batailles, quand la méchanceté de tant de caractères méchans peut se déployer impunément!... reprit une dame.

— Oh! dit un officier qui n'avait pas encore parlé de la soirée, les scènes de la vie militaire pourraient fournir des milliers de drames. Pour ma part, je connais cent aventures plus curieuses les unes que les autres; mais en m'en tenant à ce qui m'est personnel, voici ce qui m'est arrivé...

Il se leva, se mit devant nous, au milieu de la cheminée, et commença ainsi :

— C'était vers la fin d'octobre; mais non, ma foi, c'était bien dans les premiers jours de novembre 1809, je fus détaché d'un corps d'armée qui revenait en France, pour aller dans les gorges du Tyrol bavarois. En ce moment nous avions à soumettre, pour le compte du roi de Bavière, notre allié, cette partie de ses états que l'Autriche avait réussi à révolutionner. Le général Chatler s'avançait même avec un ou deux régimens allemands, dans le dessein d'appuyer les insurgés, qui étaient tous gens de la campagne.

Cette petite expédition avait été confiée par l'empereur à un certain général d'infanterie nommé Rusca, qui se trouvait alors à Clagenfurth, à la tête d'une avant-garde d'environ quatre mille hommes. Comme Rusca était sans artillerie, le maréchal Marmont.... avait donné l'ordre de lui envoyer une batterie, et je fus désigné pour la commander.

C'était la première fois, depuis ma promotion au grade de lieutenant, que je me voyais, au milieu d'une brigade, le seul officier de mon corps, ayant à conduire des hommes qui n'obéissaient qu'à moi, et obligé de m'entendre, comme chef d'une arme, avec un officier général.

— C'est bon, me dis-je en moi-même, il y a un commencement à tout, et c'est comme cela qu'on devient général.

— Vous allez avec Rusca?... me dit mon capitaine, prenez garde à vous, c'est un malin singe, un vaurien fini. Son plus grand plaisir est de *mettre dedans* tous ceux qui ont affaire à lui. Pour vous apprendre ce que c'est que ce chrétien-là, il suffira peut-être de vous dire qu'il s'est amusé dernièrement à baptiser du vin blanc avec de l'eau-de-vie, afin de renvoyer à l'empereur un aide-de-camp soûl comme une grive... Si vous vous comportez de manière à éviter ses algarades, vous vous en ferez un ennemi mortel... Voilà le pèlerin... Ainsi, attention!

— Hé bien, répliquai-je à mon capitaine, nous nous amuserons; car il ne sera pas dit qu'un pousse-cailloux *embêtera* un officier d'artillerie.

Dans ce temps-là, voyez-vous, l'artillerie était quelque chose, parce que le corps avait fourni l'empereur.....

Me voilà donc parti, moi et mes canonniers, et nous gagnons Clagenfurth. J'arrive le soir; et, aussitôt que mes hommes sont gîtés, je me mets en grande tenue et je me rends chez le Rusca. Point de Rusca.

—Où est le général, demandais-je à une manière d'aide-de-camp qui baragouinait un français mêlé d'italien.

— Le zénéral est à la zouziété, dans oun chercle, au café, à boire de la bière sou la piazza.

Je regarde mon homme en face, et je m'aperçois qu'il n'est pas ivre comme ses incohérences me le faisaient supposer.

— Vous êtes étonné... reprit l'aide-de-camp. Ma s'il est là de si bonne houre, c'est pour oune petite difficoulté quél zénéral il a ou avec les habitanti. Par ché i son di oumor pauco contrariente les Tedesques. Ces chiens-là né se sont-ils pas avisés dé né piou audare boire de la bière all chercle per ché lè zénéral y était.....

En ce moment, nous fûmes interrompus par un roulement de tambour, après quoi le crieur de la ville lut en français d'abord, puis en allemand et en italien, une proclamation de Rusca, en vertu de laquelle il était enjoint à tous les négocians et notables habitans de Clagenfurth d'aller, comme par le passé, au cercle, pendant toutes les soirées, sous peine d'être taxés à un contribution extraordinaire.

— Et comment le paieront-ils donc?... dit le colonel du 20e qui se trouvait auprès de moi, car je m'étais avancé pour écouter; ce serait la quatrième qu'il lèverait sur ces pauvres diables. Ce compère-là est capable de les faire révolter, pour se donner le plaisir de mitrailler une sédition populaire...

— Pourquoi n'allaient-ils plus au café?... mon colonel, lui demandais-je.

Le colonel me regarda.

— Vous arrivez... à ce que je vois, me répondit-il. Eh bien! voilà le fait. Ce diable de Rusca ne s'amusait-il pas, le soir, à allumer sa pipe, au cercle, devant ces pauvres gens, avec les billets de florins qu'il leur arrachait le matin!.. Il faut que ce soit encore un bien bon peuple, ces Allemands, pour qu'aucun d'eux ne lui ait tiré un coup de pistolet..... Heureusement, nous partirons demain; nous n'attendions que vous...

— Il paraît, lui dis-je, que votre général n'est pas commode?...

— C'est un excellent militaire... répliqua-t-il, et il entend particulièrement la guerre que nous allons faire. Il a été médecin dans la partie de l'Italie qui avoisine les montagnes du Tyrol, et il en connaît les routes, les sentiers, les habitans. Il est d'une bravoure exemplaire ; mais c'est bien le plus malicieux animal que j'aie jamais connu. S'il ne brûle pas les paysans dans leurs villages, il faudra qu'il soit dans ses bons jours...

Le colonel s'éloigna en voyant un officier venir à nous.

Je fus assez embarrassé de ma personne en me trouvant seul. Je pensai qu'il n'était pas convenable que j'allasse voir Rusca au cercle ; et, alors, je revins à l'aide-de-camp, qui était toujours resté immobile sur le seuil de la porte, occupé à fumer son cigare. J'avais toujours rencontré son regard, quand je jetais par hasard les yeux sur lui en causant avec le colonel ; et, quoique ce regard me parût aussi railleur que perfide, je le priai d'annoncer à son général ma visite pour la fin de la soirée, objectant la nécessité dans laquelle j'étais de prendre quelque chose ; car je n'avais rien mangé depuis le matin... mais un officier n'est pas aussi heureux que la mule du pape ; en campagne, il n'a pas d'heures pour ses repas ; il se nourrit comme il peut, et quelquefois pas du tout. Au moment où j'allais retourner à mon logement, j'entendis une grande rumeur dans le faubourg par lequel j'étais entré. Je demande à un soldat qui me parut en venir la raison de ce tumulte, et il me dit que l'un de mes canonniers en était cause; alors je fus forcé de me rendre sur les lieux pour savoir ce qui se passait. Il y avait des attroupemens composés de femmes principalement, qui paraissaient en colère, criaient et parlaient toutes ensemble; c'était comme dans une basse-cour, quand les poules se mettent à piailler. Au milieu du faubourg, je vis une grande et belle fille autour de laquelle on s'attroupait; quand elle m'aperçut, elle fendit la presse et vint à moi. Elle était furieuse, elle parlait avec une volubilité convulsive; elle avait des couleurs, les bras nus, la gorge haletante, les cheveux en désordre, les yeux enflammés, la peau mate; elle gesticulait avec feu, elle était superbe; c'est une des plus belles colères que j'ai vues dans ma vie. Là, je sus la cause de cette émeute. Mon fourrier était logé chez le père de cette fille; et il paraît que, la trouvant à son goût, il avait voulu la cajoler; mais qu'elle s'était brutalement défendue; alors mon diable de canonnier, un provençal, il se nommait Lobbé, c'était un petit homme, à cheveux noirs, bien frisés, qu'on avait appelé dans la compagnie *la Perruque*. La Perruque donc, par vengeance, se faisait servir par le père et la mère de cette fille; et, comme il était assis sur un fauteuil très-élevé, il avait mis chacun de ses pieds sur un escabeau de chaque côté de la table, et, pendant son repas, il avait forcé la mère et le père, qui était un homme à cheveux blancs, de tourner les étoiles de ses éperons. Il dînait gravement, ayant à ses pieds les deux vieillards agenouillés, occupés à faire aller les molettes. Cette fille, ne pouvant pas digérer cet affront, essayait d'ameuter le quartier contre les Français.

Lorsque j'eus compris le sujet de ses plaintes, je m'empressai d'aller au logement de la Perruque, et je le vis en effet assis comme un pacha, regardant les deux vieillards, bons Allemands, qui faisaient consciencieusement aller les éperons. Je n'oublierai jamais le geste de la fille quand, en entrant avec moi, elle me montra ses parens. Elle avait les larmes aux yeux, et me dit d'un son de voix guttural en allemand :

— *Sieht!*.... Voyez!..

— Allons donc, Lobbé, finissez, dis-je à mon ca-

nonnier. Que diable, vous mériteriez d'être puni.....
Cela ne se fait pas...

— Les deux vieillards continuaient toujours.

— Mais, mon lieutenant, me dit la Perruque, tenez, regardez-les!.. Ça ne les contrarie pas..... ça les amuse.

Je faillis rire.

En ce moment, un gros homme bourgeonné, la face rouge et le nez bulbeux, entra. A l'uniforme, je reconnus le général Rusca.

— Bien, bien, canonnier!... s'écria-t-il. Voilà dix florins pour t'encourager à établir la domination française sur ces chiens-là.....

Et il lui jeta des florins.

— Il me semble, mon général, lui dis-je avec fermeté, quand nous sortîmes, que si vous m'avez entendu, la discipline militaire est compromise. Il m'est fort indifférent, si cela vous plaît, que mon fourrier fasse tourner ses molettes, mais puisque je lui avais ordonné de cesser, et qu'il est sous mes ordres...

— Ah! dit-il en m'interrompant, tu es sorti de cette école où l'on raisonne?.. Je vais t'apprendre à clocher avec les boiteux...

— Quels sont vos ordres, lui demandais-je?

— Viens les prendre ce soir à huit heures!..

Et nous nous quittâmes. Ce commencement de relations ne promettait rien de bon.

A huit heures, après avoir dîné, je me présentai chez le général que je trouvai buvant et fumant en compagnie de son aide-de-camp, du colonel et d'un Allemand qui paraissait être un personnage de Clagenfurth. Rusca me reçut civilement, mais il y avait toujours une teinte d'ironie dans son discours. Il m'invita fort courtoisement à boire et à fumer; je ne bus guère que deux verres de punch et fumai trois cigarres.

— Demain nous partirons à sept heures, et devrons être en vue de Brixen dans la journée, il faut entamer ces gens-là vivement.

Je me retirai. Le lendemain, je crus m'éveiller à six heures, il était neuf heures passées. Rusca m'avait sans doute mis quelque drogue dans mon verre, et je fus au désespoir en apprenant qu'il s'était mis en bataille à six heures du matin, et qu'il avait trois heures de marche en avance. Mon hôte, comprenant que j'en voulais à Rusca, me proposa de me donner les moyens d'arriver à Bixen avant lui. La tentative était audacieuse, car il fallait m'embarquer dans des chemins de traverse où je pouvais rester; mais, jeune et dépité comme je l'étais, je fis mon va-tout. Cependant je ne voulus rien négliger : je communiquai mon entreprise à mes sous-officiers, qui crurent leur honneur aussi bien engagé que le mien, nous mêlâmes du vin à l'avoine de nos chevaux, et les bons Allemands, apprenant que nous voulions jouer un tour au Rusca, nous fournirent quatre guides chargés de nous préserver de tout malheur. Effectivement, Rusca nous trouva reposés et en bataille en avant de Brixen, l'attendant avec insouciance.

— Comment, messieurs les b....., vous êtes partis avant nous?.... dit le général. Vous me paierez cela, lieutenant... ajouta-t-il en me regardant.

— Mon général, lui dis-je, vous ne m'avez pas ordonné de vous accompagner; si vous vous en souvenez, votre ordre a été de regarder Brixen comme le point de notre ralliement. Il ne souffla pas mot ; mais je vis qu'il faudrait jouer serré avec ce vieux singe-là. Nous entrâmes en campagne au-delà de Brixen, j'avoue que je n'avais jamais vu faire la guerre ainsi. Nous battions la campagne en visitant tous les villages, les chemins, les champs. Vous eussiez dit une chasse, les soldats rabattaient les paysans comme du gibier sur la principale route suivie par le général, et quand il s'en trouvait en quantité suffisante, Rusca passait tous ces malheureux en revue, en leur ordonnant de tendre leur main gauche ; puis, au seul aspect de la paume de cette main, il faisait signe, remuant la tête, d'en séparer certains des autres, et il laissait le reste libre de retourner à leurs affaires ; puis aussitôt, sans autre forme de procès, il fusillait ceux qu'il avait ainsi triés. La première fois que j'assistai à cette singulière enquête, je priai Rusca de m'expliquer ce mode de procéder. Alors, à quelques pas de l'endroit où nous étions, il aperçut dans un buisson je ne sais quels vestiges, et il le fit cerner. Le buisson fouillé, les soldats trouvèrent dans une espèce de trou deux hommes armés de carabines, qui attendaient sans doute que nous fussions passés afin de tuer nos traînards. Avant de les faire fusiller, Rusca me montra leurs mains gauches. Dans ce pays, les chasseurs ont l'habitude de verser la poudre nécessaire pour la charge de leurs carabines dans le creux de leurs mains, et la poudre y laisse une empreinte assez difficile à distinguer, mais que l'œil de Rusca savait y voir avec une grande dextérité. Dès l'enfance, il avait observé ce singulier diagnostic, et il lui suffisait de voir les mains des paysans pour deviner s'ils avaient récemment fait le coup de fusil. Le second jour, nous rencontrâmes un vieillard, septuagénaire au moins, perché sur un arbre et occupé à l'émonder. Rusca le fit descendre et lui examina la main gauche; par malheur, il crut y apercevoir le signe fatal, et, quoique le pauvre homme parût bien innocent, il ordonna de l'attacher à l'affût d'un canon. Ce malheureux fut obligé de suivre, et nous allions au petit trot. De temps en temps il gémissait; les cordes lui enflaient les mains; il se trouva bientôt dans un état pitoyable; ses pieds saignaient; il avait perdu ses sabots, et j'ai vu tomber de grosses larmes de sang de ses yeux. Nos canonniers, qui avaient commencé par rire, en eurent compassion, et vraiment il y avait de quoi, à voir ce vieillard en cheveux blancs, traîné pendant les dernières lieues comme un cheval mort. On finit par le jeter sur le canon, et comme il ne pouvait pas parler, il remercia les soldats par un regard à tirer des larmes. Le soir, lorsque nous bivouaquâmes, je demandai à Rusca ses ordres relativement à ce vieillard.

— Fusillez-le... me dit-il.

— Mon général, répondis-je, vous êtes le maître de sa vie; mais si je commande à mes canonniers de tuer cet homme, ils me diront que ce n'est pas leur métier...

— C'est bon!... répliqua-t-il en m'interrompant. Gardez-le jusqu'à demain matin, et nous verrons...

— Je ne me refuserai pas à le garder, dis-je; mais je ne veux pas en répondre.

Et je sortis de la maison où était Rusca, sans entendre sa réplique; mais je sus plus tard qu'il m'avait cruellement menacé.....

En ce moment je partis, malgré tout l'intérêt que promettait ce début. La pendule marquait minuit et demi. J'étais près de Saint-Germain-des-Prés et je demeure à l'Observatoire. — Un jour j'aurai la suite de Rusca; le nom me fait pressentir quelque drame; car je partage, relativement aux noms, la superstition de M. Gautier Shandy. Je n'aimerais certes pas une demoiselle qui s'appellerait Pétronille ou Sacoutala, fût-elle jolie......

— Ma femme se nomme Rose-Vertu... me dit l'officier de l'Université qui faisait route avec moi.

— Je le crois bien!... répliquai-je; Mlle Mars a nom Hippolyte... Et vous, monsieur? lui demandai-je.

— Moi!... Sébastien!...

— C'est un martyr... et vous êtes sans doute très-heureux en ménage?

— Mais oui... Nous étions arrivés.

Ce fragment de conversation est sincère et véritable. Je puis affirmer que, sauf de légères inexactitudes, bien pardonnables, et qui n'ont adultéré ni le sens ni la pensée, tout ceci a été dit par des hommes d'un haut mérite. N'est-ce pas un problème intéressant à résoudre pour l'art en lui-même, que de savoir si la nature, textuellement copiée, est belle en elle-même? Nous avons tous été fortement émus, un lecteur le sera-t-il?... Nous allons voir la Marguerite de Scheffer; et nous ne faisons pas attention à des créatures qui fourmillent dans les rues de Paris, bien autrement poétiques, belles de misère, belles d'expression, sublimes créations, mais en guenilles... Aujourd'hui nous hésitons entre l'idéalisation et la traduction littérale des faits, des hommes, des événemens. Choisissez.... Voici une aventure où l'art essaie de jouer le naturel.

L'ŒIL SANS PAUPIÈRE.

L'ŒIL SANS PAUPIÈRE.

Hallowe'en, Hallowe'en! criaient-ils tous,
» c'est ce soir la nuit sainte, la belle nuit
» des skelpies (¹) et des fairies (²)! Carrick! et toi,
» Colean, venez-vous? Tous les paysans de Carrick-
» Border (³) sont là, nos Megs et nos Jeannies y vien-
» dront aussi. Nous apporterons de bon whiskey dans
» des brocs d'étain, de l'ale fumeuse, le parritch (⁴)

(¹) Démons des eaux.
(²) Fées.
(³) Nom de canton.
(⁴) Pudding d'Ecosse.

» savoureux. Le temps est beau ; la lune doit briller ;
» camarades, les ruines de Cassilis-Downaus n'auront
» jamais vu d'assemblée plus joyeuse ! »

Ainsi parlait Jock Muirland, fermier, veuf et jeune encore. Il était, comme la plupart des paysans d'Écosse, théologien, un peu poëte, grand buveur, et cependant fort économe. Murdock, Will Lapraik, Tom Duckat, l'entouraient. La conversation avait lieu près du village de Cassilis.

Vous ne savez sans doute pas ce que c'est que l'Hallowe'en : c'est la nuit des fées; elle a lieu vers le milieu d'août. Alors on va consulter le sorcier du village; alors tous les esprits follets dansent sur les bruyères, traversent les champs, à cheval sur les pâles rayons de la lune. C'est le carnaval des génies et des gnomes. Alors il n'y a pas de grotte ni de rocher qui n'ait son bal et sa fête, pas de fleur qui ne tressaille sous le souffle d'une sylphide, pas de ménagère qui ne ferme soigneusement sa porte, de peur que le spunkie (¹) n'enlève le déjeuner du lendemain, et ne

___
(¹) Lutin.

sacrifie à ses espiégleries le repas des enfans qui dorment enlacés dans le même berceau.

Telle était la nuit solennelle, mêlée de caprice fantastique et d'une secrète terreur, qui allait s'élever sur les collines de Cassilis. Imaginez un terrain montagneux, qui ondule comme une mer, et dont les nombreuses collines se tapissent d'une mousse verte et brillante; au loin, sur un pic escarpé, les murs crénelés du château détruit, dont la chapelle, privée de sa toiture, s'est conservée presque intacte, et fait jaillir dans l'éther pur ses pilastres minces, sveltes comme des branchages en hiver et dépouillés de leur feuillage. La terre est inféconde dans ce canton. Le genêt doré y sert de retraite au lièvre; la roche paraît à nu de distance à distance. L'homme qui ne reconnaît un pouvoir suprême que dans la désolation et la terreur regarde ces terrains stériles comme frappés du sceau même de la Divinité. La bienfaisance féconde et immense du Très-Haut nous inspire peu de gratitude : c'est son châtiment et sa rigueur que nous adorons.

Les spunkies dansaient donc sur le gazon menu de Cassilis, et la lune, qui s'était levée, paraissait large et rouge à travers le vitrage cassé du grand portail de la chapelle. Elle semblait suspendue là comme une grande rosace amarante, sur laquelle se dessinait un débris de trèfle de pierre mutilé. Les spunkies dansaient.

Le spunkie! C'est une tête de femme, blanche comme la neige, avec de longs cheveux ardens. De belles ailes, draperies soutenues par des fibres minces et élastiques, s'attachent, non pas à l'épaule, mais au bras blanc et mince dont elles suivent le contour. Le spunkie est hermaphrodite; à un visage féminin il joint cette élégance svelte et frêle de la première adolescence virile. Le spunkie n'a de vêtement que ses ailes, tissu fin et délié, souple et serré, impénétrable et léger, comme l'aile de la chauve-souris. Une nuance brunâtre, fondue dans une pourpre azurée, chatoie sur cette robe naturelle qui se replie autour du spunkie en repos, comme les plis de l'étendard autour du bâton qui le porte. De longs filamens, qui ressemblent à de l'acier bruni, soutiennent ces longs voiles dont le spunkie se drape; des griffes d'acier en arment l'extrémité. Malheur à la ménagère qui s'aventure le soir près du marais où se tient blotti le spunkie, ou dans la forêt qu'il parcourt!

La ronde des spunkies commençait sur les bords de

la Doon, quand l'assemblée joyeuse, femmes, enfans, jeunes filles, s'en approcha. Les lutins disparurent aussitôt. Toutes ces grandes ailes, se déployant à la fois, obscurcissent l'air. Vous eussiez dit une nuée d'oiseaux s'élevant tout à coup du milieu des roseaux bruissans. La clarté de la lune se voila un moment; Muirland et ses compagnons s'arrêtèrent.

— J'ai peur! s'écria une jeune fille.

— Bah! reprit le fermier, ce sont des canards sauvages qui s'envolent!

— Muirland, lui dit le jeune Colean d'un air de reproche, tu finiras mal; tu ne crois à rien.

— Brûlons nos noix, cassons nos noisettes, reprit Muirland, sans faire attention à la réprimande de son camarade; asseyons-nous ici, et vidons nos paniers. Voici un beau petit abri; la roche nous couvre; le gazon nous offre un lit douillet. Le grand diable ne me troublerait pas dans mes méditations, qui vont sortir de ces brocs et de ces bouteilles.

— Mais les bogillies (¹) et les brownillies (²) peuvent nous trouver ici, dit timidement une jeune femme.

— Le cranreuch (³) les emporte! interrompit Muirland. Vite, Lapraik, allume ici, près du roc, un foyer de feuilles mortes et de branchages; nous chaufferons le whiskey; et si les filles veulent savoir quel mari le bon Dieu ou le diable leur réserve, nous avons ici de quoi les satisfaire. Bome Lesley nous a apporté des miroirs, des noisettes, de la graine de lin, des assiettes et du beurre. Lasses (⁴), n'est-ce pas là tout ce qu'il vous faut pour vos cérémonies?

— Oui, oui, répondirent les lasses.

— Mais d'abord buvons, reprit le fermier, qui, par son caractère dominateur, sa fortune, son cellier bien garni, son grenier plein de blé et ses connaissances agricoles, avait acquis une certaine autorité dans le canton.

Or, mes amis, vous saurez que de tous les pays du

(¹) Esprits des bois.
(²) Esprits des bruyères.
(³) Vent du Nord.
(⁴) Jeunes filles.

monde, celui où les classes inférieures ont le plus d'instruction et le plus de superstitions à la fois, c'est l'Écosse. Demandez à Walter Scott, ce sublime paysan écossais, qui ne doit sa grandeur qu'à cette faculté qu'il a reçue de Dieu de représenter symboliquement tout le génie national. En Écosse on croit à tous les gnomes, et on discute, dans les cabanes, des sujets d'abstraite philosophie. La nuit d'Hallowe'en est consacrée spécialement à la superstition. L'on se réunit alors pour pénétrer dans l'avenir. Les rites nécessaires pour obtenir ce résultat sont connus et inviolables. Point de religion plus stricte dans ses observances. C'était surtout cette cérémonie pleine d'intérêt, où chacun est à la fois prêtre et sorcier, que les habitans de Cassilis regardaient comme le but de leur excursion et le délassement de leur nuit. Cette magie rustique a un charme inexprimable. On s'arrête, pour ainsi dire, sur le point limitrophe de la poésie et de la réalité; on communique avec les puissances infernales, sans renier Dieu tout-à-fait; on transmute en objets sacrés et magiques les objets les plus vulgaires; on se crée avec un épi de blé et une feuille de saule des espérances et des terreurs.

La coutume veut que l'on ne commence les incantations d'Hallowe'en qu'à minuit sonnant, à l'heure où toute l'atmosphère est envahie par les êtres surhumains, et où non-seulement les spunkies, premiers acteurs du drame, mais tous les bataillons de la féerie écossaise, viennent s'emparer de leur domaine. Nos paysans, réunis à neuf heures, passèrent le temps à boire, à chanter ces vieilles et délicieuses ballades où leur langage mélancolique et naïf s'allie si bien à un rhythme saccadé, à une mélodie qui descend de quarte en quarte par des intervalles bizarres, à un emploi singulier du genre chromatique. Les jeunes filles, avec leurs plaids bariolés et leurs robes de serge, d'une admirable propreté; les femmes, le sourire sur les lèvres; les enfans, ornés de ce beau ruban rouge, noué sur le genou, qui leur sert de jarretières et de parure; les jeunes gens dont le cœur battait plus vite à l'approche du moment mystérieux où la destinée allait être consultée; un ou deux vieillards que l'ale savoureuse rendait à la joie de leurs jeunes ans, formaient un groupe plein d'intérêt, que Wilkie aurait voulu peindre, et qui aurait fait en Europe les délices de toutes les ames accessibles encore, parmi tant d'émotions fébriles, aux délices d'un sentiment vrai et profond.

Muirland surtout se livrait tout entier à la gaieté bruyante qui pétillait avec la mousse épaisse de la bière, et se communiquait à tous les auditeurs.

C'était un de ces caractères que la vie ne dompte pas; un de ces hommes d'intelligence vigoureuse qui luttent contre la bise et l'orage. Une jeune fille du canton, qui avait uni sa destinée à celle de Muirland, était morte en couches après deux ans de mariage; et Muirland avait juré de ne se remarier jamais. Personne n'ignorait dans le voisinage la cause de la mort de Tuilzie; c'était la jalousie de Muirland. Tuilzie, délicate enfant, comptait à peine seize années quand elle épousa le fermier. Elle l'aimait et ne connaissait pas la violence de cette ame, la fureur dont elle pouvait s'animer, le tourment journalier qu'elle pouvait infliger à elle-même et aux autres. Jock Muirland était jaloux; la tendresse ingénue de sa jeune compagne ne le rassurait pas. Un jour, au cœur de l'hiver, il lui fit faire un voyage à Édinburgh, pour l'arracher aux séductions prétendues d'un jeune laird qui avait eu la fantaisie de passer la mauvaise saison à sa campagne.

Tous les camarades du fermier, et même le curé, ne lui épargnaient pas les remontrances; il ne répondait rien, si ce n'est qu'il aimait ardemment Tuilzie, et qu'il était le meilleur juge de ce qui pouvait contribuer au bonheur de son ménage. Sous le toit rustique de Jock, il y avait souvent des plaintes, des cris, des sanglots qui retentissaient au dehors; le frère de Tuilzie était venu représenter à son beau-frère que sa conduite était inexcusable; une querelle véhémente avait été la suite de cette démarche; la jeune femme dépérissait par degrés. Enfin le chagrin qui la consumait l'emporta. Muirland tomba dans un profond désespoir, qui dura plusieurs années; mais, comme tout est passager dans ce monde, il avait, en jurant de rester veuf, oublié peu à peu le souvenir de celle dont il avait été le bourreau involontaire. Les femmes, qui pendant plusieurs années l'avaient vu avec horreur, lui avaient enfin pardonné; et la nuit d'Hallowe'en le retrouvait tel qu'il avait été autrefois, joyeux, caustique, amusant, buvant sec et fécond en excellens contes, en plaisanteries rustiques, en refrains bruyans, qui mettaient en train l'assemblée nocturne et entretenaient sa bonne humeur.

On avait déjà épuisé la plupart des vieilles romances de fondation, quand les douze coups de minuit sonnèrent et propagèrent au loin l'écho de leurs vibrations. Ils avaient bu largement. Voici venir le moment des superstitions accoutumées. Tout le monde, excepté Muirland, se leva.

« Cherchons le kail (¹), cherchons le kail s'écrièrent-ils !... »

Jeunes gens et jeunes filles se répandirent dans les champs, et revinrent tour à tour apportant chacun une racine détachée du sol : c'était le kail. Il faut déraciner la première plante qui se présente sous vos pas ; si la racine est droite, votre femme ou votre mari seront bien faits et de bonne grâce ; si la racine est tortue, vous épouserez une personne contrefaite. S'il reste de la terre suspendue aux filamens, votre ménage sera fécond et heureux ; si votre racine est polie et mince, vous ne serez pas long-temps en ménage. Imaginez les éclats de rire, le tumulte joyeux, les plaisanteries villageoises auxquelles cette recherche

---

(¹) Ces usages sont encore populaires en Écosse.

conjugale donnait lieu ; on se poussait, on se pressait ; on comparait les résultats de son investigation ; jusqu'aux petits enfans avaient leur kail.

« Pauvre Will Haverel ! s'écria Muirland, jetant les yeux sur la racine que tenait en main un jeune garçon, ta femme sera tortue ; ton kail ressemble à la queue de mon porc. »

Puis ils s'assirent en rond, et l'on se mit à expérimenter la saveur de chaque racine ; une racine amère désigne un méchant mari ; une racine sucrée, un mari imbécille ; une racine odorante, un époux de bonne humeur. A cette grande cérémonie succéda celle du tap-pickle. Les jeunes filles vont, les yeux bandés, cueillir chacune trois épis de blé. Si le grain qui couronne l'épi se trouve manquer à l'un d'entre eux, on ne doute pas que le mari futur de la villageoise n'ait à lui pardonner une faiblesse commise avant l'heure nuptiale. O Nelly ! Nelly ! tes trois épis étaient à la fois privés de leur tap-pickle, et l'on ne t'épargna pas les railleries. Il est vrai que la veille même le fausehouse, ou grenier de réserve, avait été témoin d'une causerie bien longue entre toi et Robert Luath.

Muirland les regardait sans se mêler activement à leurs jeux.

« Les noisettes! les noisettes! » s'écrièrent-ils.

On tira du panier un sac plein de noisettes, et l'on se rapprocha du feu, que l'on n'avait pas cessé d'entretenir. La lune brillait pure et presque radieuse. Chacun prit sa noisette. Ce charme est célèbre et vénéré. On se distribue par couples; on donne à la noisette que l'on a choisie son propre nom; et l'on place à la fois dans le feu la noisette baptisée du nom de sa fiancée, et la sienne propre. Si les deux noisettes brûlent paisiblement côte à côte, l'union sera longue et paisible; si les noisettes éclatent et se séparent en brûlant, trouble et séparation dans le ménage. Souvent c'est la jeune fille qui se charge de disposer dans le foyer le double symbole auquel toute son ame s'attache; et quel est son chagrin quand ce divorce s'opère, et que son mari futur s'élance en pétillant loin de sa compagne!

Une heure sonnait, et les paysans n'étaient point las de consulter leurs oracles mystiques. La terreur et la foi qui se mêlaient à ces incantations leur prêtaient un charme nouveau. Les spunkies recommençaient à se mouvoir au milieu des joncs agités. Les jeunes filles tremblaient. La lune, qui avait monté dans le ciel, se couvrait d'un nuage. On fit la cérémonie du pot de terre, celle de la chandelle soufflée, celle de la pomme, grandes conjurations que je ne dévoilerai pas. Willie Maillie, une des plus belles entre ces jeunes filles, plongea trois fois son bras dans l'eau de la Doon, en s'écriant : « Mon époux futur, mon mari qui n'es pas » encore, où es-tu? Voici ma main. » Trois fois le charme avait été répété, lorsqu'on l'entendit pousser un grand cri.

« Ah! bon Dieu! le spunkie a saisi ma main, s'écria-t-elle. » On s'empressa près d'elle, et tout le monde frémit, excepté Muirland. Maillie montra sa main tout ensanglantée; les juges des deux sexes, qu'une longue expérience rendait habiles dans l'interprétation de ces oracles, convinrent sans hésiter que l'égratignure n'était pas causée, comme le prétendait Muirland, par les pointes d'un jonc épineux, mais que le bras de la jeune fille portait réellement l'empreinte de la griffe aiguë du spunkie. On reconnut aussi d'une seule voix que Maillie était menacée par cette expérience d'avoir plus tard un mari jaloux. Le fermier veuf avait bu, je crois, un peu plus que de raison.

« Jaloux! jaloux! » s'écria-t-il.

Il croyait voir dans cette déclaration de ses camarades une allusion malveillante à sa propre histoire.

« Moi, continua Muirland en vidant un pot d'étain rempli de whiskey qui en couvrait les bords, j'aimerais mieux cent fois épouser le spunkie que de me marier une seconde fois. J'ai su ce que c'était que de vivre enchaîné; autant vaudrait rester emprisonné dans une bouteille fermée hermétiquement, avec un singe, un chat ou le bourreau pour compagnons. J'ai été jaloux de ma pauvre Tuilzie : j'avais tort peut-être; mais comment, je vous le demande, n'être pas jaloux? Quelle est la femme qui ne demande pas une continuelle surveillance? Je ne dormais pas la nuit, je ne la quittais pas pendant le jour entier; je ne fermais pas l'œil un instant. Les affaires de ma ferme allaient mal;

tout dépérissait. Tulzie elle-même languissait sous mes yeux. A cinq millions de diables le mariage! »

Les uns riaient, les autres, scandalisés, se taisaient. La dernière et la plus redoutable des incantations restait à essayer : c'est la cérémonie du miroir. On se place, une chandelle à la main, en face d'une petite glace; on souffle trois fois sur le verre, et on l'essuie en répétant trois fois : *Parais, mon mari*, ou : *Parais, ma femme!* Alors, au-dessus de l'épaule gauche de la personne qui consulte le destin, se montre distinctement une figure qui se reflète dans le miroir; c'est celle de la compagne ou du mari que l'on invoquait.

Personne n'osait, après l'exemple de Maillie, braver encore les puissances surnaturelles. Le miroir et la chandelle étaient là par terre sans que l'on pensât à les mettre en usage. La Doon frémissait dans les roseaux; une longue traînée d'argent, qui tremblait sur ses vagues lointaines, était aux yeux des villageois la trace étincelante des skelpies ou esprits des eaux; la jument de Muirland, sa petite jument des Highlands, à la queue noire et au blanc poitrail, hennissait de toute sa force, ce qui est toujours signe qu'un mauvais esprit est voisin. Le vent fraîchissait ; les tiges des joncs balancés rendaient un triste et long murmure. Toutes les femmes commençaient à parler du retour ; elles avaient d'excellentes raisons, des réprimandes pour leurs maris et leurs frères, des conseils de santé pour leurs pères, et une éloquence de ménage à laquelle, hélas! nous autres rois de la nature et du monde, nous résistons bien rarement.

« Eh bien! qui de vous se présentera devant le miroir? » s'écria Muirland.

On ne répondait pas...

« Vous avez bien peu de cœur, continua-t-il. Le souffle du vent vous fait trembler comme le saule. Quant à moi qui ne veux plus prendre de femme, comme vous savez, parce que je veux dormir, et que mes paupières refusent de se fermer dès que je suis mari, il m'est impossible de commencer le charme. C'est ce que vous sentez aussi bien que moi. »

A la fin, personne ne voulant saisir le miroir, Jock Muirland s'en empara. « Je vais vous donner l'exemple. »

Alors il prit sans hésiter la glace fatale; la chandelle fut allumée, et il répéta bravement l'incantation.

« Parais donc, ma femme, » s'écria Muirland.

Aussitôt une figure pâle, couverte de cheveux d'un blond fauve, se montra sur l'épaule de Muirland. Il tressaillit, se retourna pour s'assurer que l'une des jeunes filles du canton n'était pas derrière lui pour imiter l'apparition. Mais personne n'avait osé parodier le spectre; et quoique le miroir se fût brisé sur la terre en échappant de la main du fermier, toujours au-dessus de son épaule la même tête blanche, la même chevelure ardente se présentaient : Muirland pousse un grand cri, et tombe la face contre terre.

Vous eussiez vu alors tous les habitans du village fuir çà et là, comme les feuilles enlevées par le vent; il ne resta plus dans cet endroit où ils s'étaient livrés naguère à leurs amusemens rustiques que les débris de la fête, le foyer à demi éteint, les pots et les cruches vides, et Muirland couché sur le gazon. Les spunkies et leurs acolytes revenaient en foule, et l'orage qui se préparait dans l'air mêlait à leur chant surnaturel ce long sifflement que les Écossais désignent si pittoresquement sous le nom de *Sugh*. Muirland, en se relevant, regarda encore par-dessus son épaule : toujours la même figure. Elle souriait au paysan, mais ne prononçait pas un mot, et Muirland ne pouvait deviner si cette tête appartenait à un corps humain; car elle ne se montrait à lui que lorsqu'il se détournait. Sa langue se glaçait et restait attachée à son palais. Il essaya de lier conversation avec l'être infernal, et rappela en vain tout son courage; dès qu'il apercevait ces traits pâles et ces boucles ardentes, il frémissait de tout son corps. Il se mit à fuir, dans l'espoir de se délivrer de son acolyte. Il avait détaché sa petite jument blanche et allait mettre le pied à l'étrier, quand il tenta encore une dernière expérience. Terreur! toujours cette tête, devenue son inséparable compagne. Elle était attachée sur son épaule, comme ces têtes isolées dont les sculpteurs gothiques jetaient quelquefois le profil au sommet d'un pilastre ou à l'angle d'un entablement. La pauvre Meg, la jument du fermier, hennissait avec une force terrible; et par des ruades fréquentes elle annonçait la part qu'elle prenait à la terreur de son pauvre maître. Le spunkie (ce devait être un de ces habitans des joncs de la Doon qui persécutait le fermier), toutes les fois que Muirland se retournait, fixait sur lui deux yeux flamboyans, d'un bleu profond, sur lesquels aucun cil ne dessinait son ombre, et dont nulle paupière ne voilait l'insupportable clarté. Il piqua des deux ; la même curiosité le poussait toujours à savoir si sa persécutrice était là ; elle ne le quittait pas ; en vain lançait-il sa jument au galop, en vain les bruyères et les montagnes disparaissaient et fuyaient sous les pas de l'animal, Muirland ne savait plus ni quelle route il suivait, ni vers quel but il conduisait la pauvre Meg. Il n'avait qu'une idée, le spunkie, son compagnon de route, ou plutôt sa compagne, car cette figure féminine avait toute la malice et toute la délicatesse qui conviennent à une jeune fille de dix-huit ans.

La voûte du ciel se couvrait de nuées épaisses qui le rétrécissaient par degrés. Jamais pauvre pêcheur ne se trouva lancé seul au milieu de la campagne dans une plus satanique obscurité. Le vent soufflait comme s'il eût voulu éveiller les morts ; la pluie tombait, emportée diagonalement par la violence de l'orage. Les lueurs rapides de l'éclair disparaissaient, dévorées par les nues ténébreuses qui se refermaient sur elles : de longs, profonds et lourds mugissemens en sortaient. Pauvre Muirland! ton bonnet bleu écossais, bariolé de rouge, tomba, et tu n'osas pas te retourner pour le ramasser. La tempête redoublait de fureur; la Doon débordait sur ses rivages; et Muirland, après avoir galopé pendant une heure, reconnut douloureusement qu'il revenait au même lieu d'où il était parti. L'église ruinée de Cassilis était sous ses yeux; on eût dit que l'incendie embrâsait les restes de ses vieux pilastres; des flammes jaillissaient de toutes les ouvertures inégales; les sculptures apparaissaient dans toute leur délicatesse sur un fond de clartés lugubres : Meg refusait d'avancer; mais le fermier, dont la raison ne guidait plus les démarches, et qui croyait sentir cette redoutable tête appuyée sur son épaule, enfonçait si vigoureusement son éperon dans les flancs de la pauvre bête qu'elle céda malgré elle à la violence qu'on lui imposait.

« Jock, dit une voix douce, épouse-moi, tu cesseras d'avoir peur. »

Vous imaginez la profonde terreur du malheureux Muirland.

« Épouse-moi, » répétait le spunkie.

Cependant ils fuyaient vers la cathédrale enflammée. Muirland, arrêté dans sa course par les pilastres mutilés et les saints de pierre renversés, mit pied à terre ; il avait, pendant cette nuit, bu tant de vin, de bière et d'eau-de-vie, galopé si étrangement, éprouvé tant de surprise, qu'il finit par s'accoutumer à cet état d'excitation surnaturelle : notre fermier entra d'un pied ferme dans la nef sans voûte d'où jaillissaient ces feux infernaux.

Le spectacle qui le frappa était nouveau pour lui. Un personnage accroupi au milieu de la nef soutenait, sur son dos courbé, un vase octangulaire où brûlait une flamme verte et rouge. Le maître-autel était chargé de ses vieux ornemens catholiques. Des démons à la chevelure ardente qui se hérissait sur leur tête étaient debout sur l'autel, et tenaient lieu de cierges. Toutes les formes grotesques et infernales que l'imagination du peintre et du poète ont rêvées se pressaient, couraient, volaient, se balançaient, se traînaient, se contournaient en mille étranges façons. Les stalles des chanoines étaient remplies de personnages graves qui avaient conservé les costumes de leur état. Mais sur leurs aumusses on voyait se dessiner des mains de squelettes, et de leurs yeux caves aucune clarté n'émanait.

Je ne dirai pas, car le langage humain ne peut y atteindre, quel encens on brûlait dans cette église, ni quelle abominable parodie des saints mystères y était jouée par les démons. Quarante de ces lutins, perchés sur l'ancienne galerie qui avait soutenu autrefois l'orgue de la cathédrale, tenaient en main des cornemuses écossaises de dimensions différentes. Un énorme chat noir, assis sur un trône composé d'une douzaine de ces messieurs, donnait la mesure par un miaulement prolongé. La symphonie infernale faisait trembler ce qui restait encore des voûtes à demi détruites, et tomber de temps en temps quelques fragmens de pierres ruineuses. Il y avait parmi ce tumulte de jolies skelpies à genoux; vous les eussiez prises pour des vierges charmantes, si la queue démoniaque n'avait pas soulevé le coin de leur robe blanche; et plus de cinquante spunkies, les ailes étendues ou repliées, dansant ou en repos. Dans les niches des saints symétriquement rangées autour de la nef étaient des cercueils ouverts, où le mort, sur son linceul blanc, apparaissait tenant en main le cierge funéraire. Quant aux reliques suspendues au parvis, je ne m'arrêterai pas à les décrire. Tous les crimes commis en Écosse depuis vingt ans avaient concouru à parer l'église livrée aux démons.

Vous y eussiez vu la corde du pendu, le couteau de l'assassin, le débris épouvantable de l'avortement et la trace de l'inceste. Vous y eussiez vu des cœurs de scélérats noircis dans le vice, et des cheveux blancs paternels suspendus encore à la lame du poignard parricide. Muirland s'arrêta, se détourna ; la figure compagne de sa route n'avait pas quitté son poste. Un des monstres chargés du service infernal le prit par la main ; il se laissa faire. On le conduisit à l'autel ; il suivit son guide. Il était dompté. Sa force l'avait abandonné. On s'agenouilla, il s'agenouilla ; on chanta des hymnes bizarres, il n'écouta rien ; et il resta là, stupéfait, pétrifié, attendant son sort. Cependant les chants infernaux devenaient plus bruyans ; les spunkies chargés du corps de ballet tournaient plus rapidement dans leur ronde infernale ; les cornemuses criaient, beuglaient, hurlaient et sifflaient avec une véhémence nouvelle. Muirland détourna la tête pour examiner cette fatale épaule sur laquelle un hôte incommode avait fait élection de domicile.

« Ah ! » s'écria-t-il, poussant un long soupir de satisfaction.

La tête avait disparu.

Mais quand ses regards éblouis et égarés se reportèrent sur les objets qui l'environnaient, il fut bien étonné de trouver près de lui, à genoux sur un cercueil, une jeune fille dont le visage était celui même du fantôme qui l'avait poursuivi. Une petite chemisette écossaise de fin lin gris descendait à peine jusqu'à mi-cuisse. On apercevait une poitrine charmante, de blanches épaules, sur lesquelles roulaient des cheveux blonds, un sein virginal, dont la légèreté du costume relevait toute la beauté. Muirland fut ému ; ces formes si gracieuses et si délicates contrastaient avec toutes les hideuses apparitions qui l'entouraient. Le squelette qui parodiait la messe prit de ses doigts crochus la main de Muirland et l'unit à celle de la jeune fille. Muirland crut sentir alors dans l'étreinte de cette bizarre fiancée la froide morsure que le peuple attribue aux griffes d'acier du spunkie. C'en était trop pour lui ; il ferma les yeux et défaillit. A demi vaincu par un évanouissement qu'il combattait, il crut deviner que des mains infernales le replaçaient sur la jument fidèle qui l'avait attendu à la porte de la cathédrale ; mais ses perceptions étaient obscures, ses sensations indistinctes.

Une telle nuit, comme on le pense bien, laissa des traces chez notre fermier ; il se réveilla comme on se réveille après une léthargie, et fut fort étonné d'apprendre que depuis quelques jours il avait pris femme, que depuis la nuit d'Hallowe'en il avait fait un voyage dans les montagnes, et qu'il en avait ramené une jeune épouse, laquelle, en effet, se trouvait placée près de lui dans le lit héréditaire de sa ferme.

Il se frotta les yeux et crut qu'il rêvait, puis il voulut contempler celle qu'il avait choisie sans s'en douter, et qui était devenue mistriss Muirland. C'était le matin. Qu'elle était jolie ! quelle douce lumière nageait dans ces regards prolongés ! quel éclat dans ces yeux! Cependant Muirland était frappé de la lueur bizarre qui émanait de ces regards mêmes. Il s'approcha ; chose étrange! sa femme, à ce qu'il pensa du moins, n'avait pas de paupière; de grands orbes d'un bleu foncé se dessinaient sous l'arc noir d'un sourcil dont la courbe était admirablement légère. Muirland soupira ; le souvenir vague du spunkie, de sa course nocturne et de sa terrible noce dans la cathédrale, se représenta tout à coup devant lui.

En examinant de plus près sa nouvelle épouse, il crut observer en elle tous les traits caractéristiques de cet être surnaturel, modifiés seulement et comme adoucis. Les doigts de la jeune femme étaient longs et minces, ses ongles blancs et effilés ; sa chevelure blonde tombait jusqu'à terre. Il resta comme absorbé par une profonde rêverie : cependant tous ses voisins lui dirent que la famille de sa femme résidait dans les Highlands; qu'aussitôt après la noce il avait été saisi par une fièvre ardente; qu'il n'était pas étonnant que tout souvenir de la cérémonie se fût effacé de son esprit malade, mais que bientôt il se conduirait mieux avec sa femme, car elle était jolie, douce et bonne ménagère.

« Mais elle n'a pas de paupières ! » s'écriait Muirland.

On lui riait au nez, on prétendait que la fièvre le poursuivait encore ; personne, si ce n'est le fermier, ne s'apercevait de cette étrange particularité.

La nuit vint : c'était pour Muirland la nuit des noces, car jusqu'à ce moment il n'avait été mari que de nom. La beauté de sa femme l'avait ému, bien que selon lui elle n'eût pas de paupières. Il se promettait donc de braver résolument sa propre terreur, et de profiter au moins de la faveur singulière que le ciel ou l'enfer lui envoyait. Nous demandons ici au lecteur de nous concéder tous les priviléges du roman et de l'histoire, et de passer rapidement sur les premiers événemens de cette nuit ; nous ne dirons pas combien la belle Spellie (c'était son nom) paraissait plus belle encore dans ses nocturnes atours.

Muirland s'éveilla, rêvant qu'une clarté subite du soleil illuminait tout à coup la chambre basse où était placé le lit nuptial. Ébloui par ces rayons ardens, il se lève en sursaut et voit les yeux éclatans de sa femme tendrement fixés sur lui.

« Diable ! s'écria-t-il, mon sommeil, en effet, est une injure à sa beauté ! Il chassa donc le sommeil, et dit à Spellie mille choses aimables et tendres auxquelles la jeune fille des montagnes répondit de son mieux.

Jusqu'au matin, Spellie n'avait pas dormi.

« Comment dormirait-elle, en effet, se demandait Muirland, elle n'a pas de paupière ? »

Et son pauvre esprit retombait dans un abîme de méditations et de craintes. Le soleil se leva. Muirland était pâle et abattu ; la fermière avait les yeux plus étincelans que jamais. Ils passèrent la matinée à se promener sur les bords de la Doon. La jeune épouse était si jolie que son mari, malgré sa surprise et la fièvre à laquelle il était en proie, ne put la contempler sans admiration.

« Jock, lui dit-elle, je vous aime autant que vous aimiez Tuilzie ; toutes les jeunes filles des environs me portent envie : aussi prenez-y garde, mon ami, je serai jalouse, je vous surveillerai de près. »

Les baisers de Muirland arrêtèrent ces paroles ; cependant les nuits se succédèrent, et au milieu de chaque nuit les yeux éclatans de Spellie arrachaient le fermier à son sommeil ; la force du fermier y succombait.

« Mais, ma chère amie, demanda Jock à sa femme, est-ce que vous ne dormez jamais?

— Dormir, moi !

— Oui, dormir! il me semble que depuis que nous sommes mariés vous n'avez pas dormi un moment.

— Dans ma famille, on ne dort jamais. »

Les orbes azurés de la jeune femme versaient des rayons plus ardens.

« Elle ne dort pas! s'écria avec désespoir le fermier, elle ne dort pas! »

Il retomba épuisé et terrifié sur l'oreiller.

« Elle n'a pas de paupières, elle ne dort pas! répéta-t-il.

— Je ne me lasse pas de te voir, reprit Spellie, et je te surveillerai de plus près. »

Pauvre Muirland! les beaux yeux de sa femme ne lui laissaient pas de repos; c'étaient, comme disent les poètes, des astres éternellement allumés pour l'éblouir. On fit dans le canton plus de trente ballades adressées aux beaux yeux de Spellie. Quant à Muirland, un beau jour il disparut. Trois mois s'étaient écoulés; le supplice qu'avait éprouvé le fermier avait épuisé sa vie, dévoré son sang; il lui semblait que ce regard de feu le brûlait. S'il revenait des champs, s'il restait à la maison, s'il allait à l'église, toujours ce rayon terrible dont la présence et l'éclat pénétraient jusqu'au fond de son être et le faisaient tressaillir d'horreur. Il finit par détester le soleil, par fuir le jour.

Le même supplice que la pauvre Tuilzie avait souffert était devenu le sien; au lieu de l'inquiétude morale qui, pendant son premier mariage, l'avait transformé en bourreau de la jeune fille, et que les hommes appellent du nom de jalousie, il se trouvait placé sous l'inquisition physique et inéluctable d'un œil qui ne se fermait jamais : c'était encore la jalousie, mais transformée en image palpable, l'inquisition devenue type. Il laissa sa ferme, quitta ses domaines, passa la mer et s'enfonça dans les forêts de l'Amérique septentrionale, où beaucoup de gens de son pays ont été fonder des habitations et bâtir leur hutte paisible. Les savanes de l'Ohio lui offraient un asile assuré à ce qu'il croyait ; il préférait sa pauvreté, la vie du colon, le serpent caché dans les buissons épais, une nourriture sauvage, grossière et incertaine, à son toit écossais, sous lequel l'œil jaloux et toujours ouvert reluisait pour son tourment. Après avoir passé un an dans cette solitude, il finit par bénir son sort : au moins il trouvait le repos au sein de cette nature féconde. Il n'entretenait aucune correspondance avec la Grande-Bretagne, de peur d'avoir des nouvelles de sa femme ; quelquefois dans ses rêves il voyait encore cet œil ouvert, cet œil sans paupières, et se réveillait en sursaut ; mais c'était tout ce qu'il avait à souffrir ; il s'assurait bien que la vigilante et redoutable prunelle n'était plus auprès de lui, ne le pénétrait, ne le dévorait pas de ses clartés insupportables, et il se rendormait heureux.

Les Narraghansetts, tribu voisine de son habitation, avaient pris pour sachem ou pour chef Massasoit, vieillard maladif, dont le caractère était pacifique, et dont Jock Muirland se concilia aisément la bienveillance en lui donnant de l'eau-de-vie de grain qu'il savait distiller. Massasoit tomba malade; son ami Muirland vint le visiter dans sa hutte.

Imaginez un wigwam indien, cabane pointue, avec un trou pour laisser échapper la fumée; au milieu de ce pauvre palais, un foyer embrasé; sur des peaux de buffle, étendues par terre, le vieux chef malade; autour de lui les principaux sagamores du canton, hurlant, criant, pleurant et faisant un tapage qui, loin de guérir le malade, eût rendu malade un homme en bonne santé. Un powam ou médecin indien conduisait le chœur et la danse lugubres; les échos voisins retentissaient du bruit que faisait cette étrange cérémonie : c'étaient là les prières publiques offertes aux divinités du pays.

Six jeunes filles étaient occupées à masser les membres nus et froids du vieillard : l'une d'elles, fort jolie, âgée à peine de seize ans, pleurait en s'acquittant de cet office. Le bon sens de l'Écossais lui fit bientôt reconnaître que tout cet appareil médical n'aboutirait qu'au meurtre de Massasoit; en sa qualité d'Européen et de blanc il passait pour médecin inné. Il profita de l'autorité que ce titre lui donnait, fit sortir tous les hurleurs et s'approcha du sachem.

« Qui vient près de moi? demanda le vieillard.

— Jock, l'homme blanc!

— Oh! reprit le sachem en lui tendant sa main desséchée, nous ne nous verrons plus, Jock! »

Jock, bien qu'il eût peu de connaissances en médecine, s'aperçut sans peine que notre sachem avait tout simplement une indigestion; il le secourut, ordonna que l'on se tût autour de lui, le mit à la diète, puis lui fit un excellent potage écossais que le vieillard avala en guise de médecine. Bref, en trois jours Massasoit était revenu à la vie; les hurlemens de nos Indiens et leurs danses recommencèrent, mais ces hymnes sauvages n'exprimaient plus que la gratitude et la joie. Massasoit fit asseoir Jock sur sa hutte, lui donna son calumet à fumer, et lui présenta sa fille, Anauket, la plus jeune et la plus jolie de celles que Muirland avait vues dans la cabane.

« Tu n'as pas de squaw (¹), lui dit le vieux guerrier ; prends ma fille et honore ma tête blanchie. »

Jock tressaillit ; il se rappela le souvenir de Tuilzie et de Spellie, le mariage lui avait si mal réussi.

Cependant la jeune Squaw était douce, naïve, obéissante. Un mariage dans les déserts s'environne de bien peu de cérémonies ; il a peu de conséquences funestes pour un Européen. Jock se résigna, et la belle Anauket ne lui donna aucun sujet de se repentir de son choix.

Un jour, c'était le huitième jour de leur union, tous deux, par une belle matinée d'automne, s'étaient embarqués sur l'Ohio. Jock avait emporté son fusil de chasse. Anauket, habituée à ces expéditions qui composent toute la vie sauvage, aidait et servait son mari. Le temps était magnifique ; les rives de ce beau fleuve offraient aux amans des points de vue enchanteurs

(¹) Femme.

Jock avait fait bonne chasse. Une pintade aux ailes éclatantes frappa ses regards; il l'ajusta, la blessa, et l'oiseau, frappé de mort, alla tomber, en gémissant, sous d'épais halliers. Muirland ne voulait pas perdre une proie aussi belle; il amarra son bateau, et courut à la recherche du résultat de sa conquête. Il avait battu inutilement plusieurs buissons, et son obstination d'Écossais le plongeait et l'enfonçait de plus en plus dans l'épaisseur du bois. Il se trouva bientôt environné d'arbres de haute futaie et placé au centre d'une de ces salles de verdure naturelles que l'on trouve dans les forêts d'Amérique, quand une clarté traversa le feuillage et pénétra jusqu'à lui. Il tressaillit : ce rayon le brûlait; cette lumière insupportable le contraignait à baisser les yeux.

L'œil sans paupière était là, vigilant et éternel.

Spellie avait passé la mer; elle avait trouvé la trace de son mari, elle le suivait à la piste; elle avait tenu sa parole, et sa redoutable jalousie accablait déjà Muirland de justes reproches. Il courut vers le rivage, poursuivi par l'œil sans paupière, vit l'onde claire et pure de l'Ohio, et s'y précipita dans sa terreur. Telle fut la fin de Jock Muirland ; elle se retrouve consacrée dans une légende écossaise, les bonnes femmes l'expliquent à leur manière. Elles affirment que c'est une allégorie, et que *l'OEil sans paupière*, c'est l'œil toujours ouvert de la femme jalouse, le plus terrible des supplices.

SARA LA DANSEUSE.

SARA LA DANSEUSE.

Non, s'écriait, un soir de sabbat, le juif Fleischmann en frappant vivement de son poing la table sur laquelle il venait de souper; non, jamais je ne souffrirai que ma fille monte sur un théâtre pour amuser par ses pirouettes les oisifs de Berlin! Danseuse! Par Abraham, ma fille danseuse, quand le jeune Aaron la demande en mariage, et que demain elle pourrait être la première marchande de chevaux de tout le Mecklembourg! — Je ne dis pas non, reprenait sa femme; mais si pourtant elle devait faire fortune dans cet état, on peut très-bien y vivre honnêtement, quoique les dames de théâtre ne soient pas toutes en possession d'une excellente réputation. — Taisez-vous, reprenait Fleischmann, vous en savez, vous, des danseuses qui ne soient pas des Babylones vivantes? J'aimerais mieux, comme notre grand patriarche, être obligé de la sacrifier moi-même, de mes propres mains, que de la laisser entrer dans une pareille vie. La fille de Fleischmann sauteuse publique!! — Mais enfin, mon ami, reprenait la mère, David a dansé devant l'arche. — Il y dansait, répondit solennellement le vieux juif, pour célébrer les louanges du Seigneur, et sa danse ne ressemblait en aucune manière à celle que votre Sara voudrait pratiquer. C'était une danse grave, mesurée... — Pour cela, mon ami, c'est ce que vous ne savez pas. *Le livre de Samuel*, que les chrétiens appellent le livre des *Rois*, ne dit pas du tout une danse plutôt qu'une autre. — Langue de l'enfer, s'écria Fleischmann avec une voix retentissante, que ne prends-tu avec toi ta fille, et ne la mènes-tu par les rues, comme je l'ai vu faire à d'honnêtes mères lors de mon voyage à Paris? » Cette brillante apostrophe ferma la bouche de M*me* Fleischmann, qui, sans plus rien ajouter, se mit à ôter le couvert ; et elle ne reparla plus que pour rappeler à son mari, absorbé dans ses pensées, qu'il était temps de se coucher, car dix heures venaient de sonner à l'horloge de Saint-Cyprien.

Trois mois après cette conversation, la salle du grand théâtre de Berlin était pleine comme depuis long-temps elle ne l'avait pas été, et dans une des loges de l'avant-scène, occupée par l'ambassadeur de France et l'un des secrétaires de légation, avant que la toile ne fût levée, avait lieu la conversation suivante.

« Une juive pour maîtresse, disait le jeune secrétaire, a toujours été dans ma pensée l'idéal du bonheur, et si votre excellence ne la prend dans sa maison, je compte bien me mettre en diplomatie pour arriver jusqu'à son cœur. Sara ! monseigneur ; comprenez-vous ce que doit être dans les bras de son amant une femme qui s'appelle Sara ? — Sans doute, reprenait l'ambassadeur. A ce nom seul revivent tous les souvenirs de la vie patriarcale, et pour peu que la petite ait le pied bien et les formes gracieuses, je pourrais bien faire quelque chose pour elle. Aussi bien la Ripiena vieillit beaucoup. Je ne sache rien dans le monde dont on se lasse aussi vite que d'un contr'alto. — Et puis, ajoutait le secrétaire, il n'est pas jusqu'aux circonstances de son début qui donnent à ce *sujet* un attrait tout-à-fait piquant et romanesque. Son père est un juif à principes, qui voulait la marier à un marchand de chevaux, plutôt que de la laisser devenir la Terpsichore de l'Allemagne. Elle procède de par une vocation. Avant de monter sur la scène, elle a bravement rompu avec toute sa famille; aussi jurerais-je sur mon ambassade à venir qu'elle ira plus loin qu'aucune des célébrités dansantes de la chrétienté..... — Silence! interrompit l'ambassadeur; je vois là-bas le chargé d'Espagne qui cause avec le conseiller intime. Laissez-moi observer leurs figures; j'ai dans l'idée qu'ils trament quelque chose. » Un peu après, l'ouverture commença, la toile fut levée, et des nymphes et des amours firent l'exposition de la pièce, en dansant avec des guirlandes, ce qui laissa comprendre aux spectateurs que c'étaient des nymphes et des amours qui dansaient avec des guirlandes. A la troisième scène parut Sara. C'était une grande fille, aux cheveux noirs, aux formes élégantes et élancées, comme la Sulamite du *Cantique des Cantiques*. Depuis un siècle peut-être rien d'aussi voluptueux n'avait paru sur la scène du grand théâtre. En un moment toutes les puissances européennes, dans la personne de leurs représentans, furent embrasées pour elle des feux les plus vifs. Il y aurait eu de quoi rompre à jamais l'équilibre et la paix de l'Europe, sans un incident qui se présenta.

Au moment où la jeune débutante, après s'être long-temps dérobée aux poursuites d'un Zéphyr, tombait comme épuisée dans ses bras et lui laissait prendre un baiser au vol, un homme dont le costume n'avait rien de mythologique, portant une longue barbe et un chapeau à larges bords, sort vivement de la coulisse, court à la débutante, la saisit par sa robe qu'il froisse et qu'il déchire. « Malheureuse ! s'écrie-t-il,
» rien n'a pu t'arrêter, il a fallu que tu vinsses te
» prostituer à la face de tout Berlin ! Eh bien ! aussi
» à la face de tout Berlin je te maudis, et je demande
» au ciel qu'il te fasse mourir dans la honte et dans la
» misère; je te maudis ! » répéta-t-il. Et bien qu'il ne fût pas le moindrement du monde comédien, jamais

au théâtre malédiction paternelle n'avait produit un pareil effet.

A cette terrible apparition, Sara se trouva mal; deux soldats de la garde du roi, en faction dans les coulisses, s'emparèrent du perturbateur et le mirent à la porte de la scène, où sa qualité de père au désespoir ne lui donnait point entrée. Le directeur du théâtre ne pouvait comprendre la colère de cet homme, quand il avait fait à sa fille l'engagement le plus avantageux qui depuis dix ans peut-être eût été signé. Les puissances européennes furent un peu dérangées dans leur plan respectif par cette intervention qu'elles n'avaient pas prévue; parmi les femmes il n'y avait qu'une voix : la débutante était passable, mais il fallait qu'elle fût une fille bien perdue et bien abandonnée pour donner à un père si respectable un chagrin si cruel. Quant aux gens du parterre, qui d'abord avaient paru touchés de cette scène, revenus de leur première émotion, ils demandèrent qu'on leur rendît leur argent ou la danseuse, attendu que l'affiche n'avait pas prévenu qu'elle eût un père, et qu'ils étaient venus pour assister à un ballet et non à un drame bourgeois; les choses ne se fussent point passées autrement si l'on fût venu annoncer que le premier ténor était surpris tout à coup par un enrouement, ou que le premier sujet de la danse venait de se donner une entorse.

En rentrant chez eux (depuis plusieurs mois ils ne demeuraient plus sous le même toit), le père et la fille furent saisis tous les deux d'une fièvre violente, résultat de l'émotion à laquelle ils avaient été soumis. Mais la fille avait dix-sept ans, et la vie chez elle achevait à peine de se compléter; chez le vieux père, au contraire, la nature en décadence depuis long-temps menaçait ruine; elle s'en fut du coup. On le porta au cimetière des juifs, qui est placé en dehors de la porte de la ville, sur le chemin de France; en sorte que, deux mois après, lorsque Sara passa par cette route dans la voiture de l'ambassadeur, elle ne put s'empêcher de penser au vieux Fleischmann et à sa malédiction.

C'est une chose étrange que la malédiction d'un père. Ce n'est pas une force, comme disent les mathématiciens; ce n'est pas un corps, une substance, une chose matérielle, avec laquelle vous puissiez toucher celui auquel vous l'adressez; trois mots : *Je te maudis*; ce n'est autre chose que l'expression d'un vœu pour son malheur, lequel ne devrait pas avoir plus de portée que cette autre forme, bien plus usuelle et bien plus arrêtée : *Que le diable t'emporte !* Et cependant, d'ordinaire, la vie d'un homme s'en trouve flétrie, et il est rare qu'il mène à bien son existence, lorsqu'il en marche chargé.

Pour Sara, moins d'un quart de lieue après le cimetière, dont, au reste, aucune voix n'était sortie pour répéter l'anathème, elle avait cessé d'y songer. Elle trouvait une profonde volupté à se sentir emportée d'un train rapide vers Paris, où les danseuses sont en honneur comme jadis la vertu à Rome ; elle était fière, autant toutefois qu'on peut l'être de supporter un poids assez gênant, de soutenir la tête de l'ambassadeur de France endormi, et reposant avec toute sa politique sur son épaule. De temps en temps ses grands yeux noirs de danseuse rencontraient ceux du jeune secrétaire qui aimait tant les jeunes filles de Sion, et ils augmentaient chez lui la langueur voluptueuse qui vient visiter le voyageur glissant dans une berline bien suspendue, sur une route bien unie, lorsqu'aucune pensée triste ne le tourmente, qu'aucun cahos ne le réveille, et qu'il n'a pas trop hâte d'arriver.

Au milieu de cette douce extase, les voyageurs croient s'apercevoir que le train de la voiture redouble de vitesse. Bientôt les cris du postillon et le mouvement de plus en plus rapide des roues leur font comprendre que les chevaux s'emportent, et qu'ils sont, pour le moins, exposés au danger de verser. Si la chose se fût passée en France, où, grâce à l'état des routes, les voitures de voyage en ont une sorte d'habitude, le péril eût été moins sérieux ; mais, en Allemagne, rien ne se fait qu'en conscience, et quand une chaise vient à être brisée, il est rare que le malencontreux propriétaire s'en tire à moins de quelque côte enfoncée. L'événement ne fut que trop conséquent à cet usage ; la voiture, entraînée par les chevaux, roula dans un fossé profond ; l'ambassadeur eut une cuisse cassée ; le jeune homme, la moitié des dents brisées. Pour la jeune juive, tirée du ravin dans un état à faire pitié, on la transporta au plus prochain village. Le chirurgien de l'endroit s'empara d'elle, et, sous le prétexte qu'il voulait lui sauver la vie, il lui travailla les chairs en tout sens, et la fit cruellement souffrir. Durant la nuit qui suivit cette torture, elle entra dans le délire, parla de son père, de Berlin, de Paris, de diplomatie, de pas de deux; sur le matin elle rendit le dernier soupir. Le lendemain, Sara la danseuse était étendue entre deux lits de terre, et les vers commençaient leur travail.

Voilà qui était bien pour ce monde-ci, reste à savoir ce qui allait se passer dans l'autre.

Aussitôt que l'ame de Sara se fut séparée de son corps, elle commença à s'avancer à travers des régions infinies et solitaires où elle eut peur de sa solitude.

A la fin elle arriva devant son juge, qu'elle n'osa jamais contempler face à face, et son jugement commença.

« Ame que j'avais faite à mon image, d'où viens-tu? »

L'ame répondit : « Je reviens d'en bas.

— Le temps que je t'avais donné à y passer, qu'en as-tu fait?

— Il fut bien court, reprit l'ame.

— Raison de plus pour le bien employer. As-tu souvent fait l'aumône?

— Quelquefois.

— Oui, trente fois en tout : dix fois par charité, vingt fois par orgueil et par respect humain ; tout compensé, l'aumône ne te sera point comptée. — As-tu souvent pensé au Seigneur ton Dieu !

— Oh! oui, souvent.

— Oui souvent, jusqu'à l'âge de douze ans, quand ta mère te disait de faire tes prières; mais plus tard, aux parures, aux bals, aux beaux cheveux des jeunes gens. As-tu respecté ton père et ta mère, à l'égal du Seigneur ton Dieu?

— Je les aimais, reprit l'ame.

— Et jamais tu ne leur as désobéi?

L'ame se tint dans le silence.

— Sara, tu as dansé ? »

L'ame commença à être agitée comme une feuille tremblant sous le vent.

— « Sara! ton père est mort, et son ame est avec moi. »

L'ame trembla plus fort.

— « Sara! aux ténèbres éternelles!

— Hélas! hélas! reprit-elle, pour avoir dansé!

— Non point pour avoir dansé, répondit le juge, car j'ai avec moi des danseurs dans la félicité éternelle; mais parce que ton père t'a maudite, et qu'il est mort sans avoir repris sa malédiction. Adieu, Sara, adieu, ma fille, chante maintenant. »

Aussitôt les esprits de ténèbres se ruèrent sur elle, en riant aux éclats; et, l'entraînant vers les régions de leur éternité, ils la faisaient horriblement souffrir en se l'arrachant entre eux, pour savoir qui aurait l'honneur de la présenter à leur illustre seigneur et roi.

Or Satan était assis dans toute sa gloire sur un trône emblématique, dans lequel il avait pris plaisir à parodier tous les trônes de la terre ; sa forme était, j'en demande humblement pardon à l'honorable lecteur, celle d'une chaise percée. Son front, jaune et cuivré, était sans cesse agité par un tic nerveux, et sa bouche, qui s'entr'ouvrait pour sourire, laissait voir dans une profondeur infinie deux rangées de dents blanches qui ne ressemblaient pas mal aux longues colonnades d'un temple antique.

— Une ame? dit Satan.

— Oui, maître, répondirent les suppôts.

— Ame, qu'as-tu fait? reprit le grand monarque.

— J'ai dansé, répondit l'ame, si bien que mon père en est mort, et le Seigneur mon Dieu (ici Satan fit une horrible contorsion) m'envoie vers vous pour que vous fassiez de moi ce qu'il vous plaira. »

Et l'ame aurait voulu mentir qu'elle ne l'aurait pas pu, car son arrêt la condamnait à se dénoncer elle-même, et il fallait que son arrêt fût accompli.

Lors Satan, dans un jour de familiarité, daigna consulter les démons qui avaient amené l'ame de Sara, et il leur dit : « Qu'en ferons-nous?

— Pendons-la par les pieds! dit le premier; ainsi elle sera punie par où elle a péché.

— Commun! dit le maître, et il passa à un autre avis.

— Moi, dit le second, je propose ma fameuse mixture : huile bouillante, un baril ordinaire, bonne partie de soufre et de plomb, argent et bronze en fusion, servez chaud et faites infuser la coupable... »

La pauvre ame en délibération eut une mortelle frayeur en entendant parler de cette cuisine effroyable.

Mais Satan, donnant un coup de pied à l'opinant : « Arrière! lui dit-il, misérable classique! avec tes vieilles méthodes. J'ai une idée »; et se levant pour en faire aussitôt l'essai, il ordonne que dans un coin de son empire on élève rapidement une vaste salle de spectacle capable de contenir quelques cent milliers de spectateurs.

Ni peintures, ni dorures, ni candélabres, ni lustres, ni girandoles ne sont épargnés. Dans l'orchestre, ce sont trompettes déchirantes, clarinettes criardes, tam-tams à la voix d'airain et au bruissement lugubre, basses ronflantes et continues, avec des fifres pour les dessus.

Puis pour une heure de l'éternité les chaudières et les chevalets se reposent, et le beau monde des damnés est invité, sous bonne escorte, à venir honorer de sa présence l'ouverture de l'Académie royale de l'enfer.

Industrie de bourreaux! les voilà qui rendent à ces femmes, à ces femmes qui depuis le temps qu'elles brûlent dans la gehenne éternelle avaient presque oublié les joies de la terre, les voilà qui leur rendent et leurs frais chapeaux de fleurs, et leurs plumes, et leurs cachemires, et leurs satins brochés, et leurs riches fourrures ; puis tout à l'heure ils les dépouilleront de tout cela, et avec un désespérant souvenir tout fraîchement renouvelé, ils les renverront reprendre leur nudité et leur supplice. Cependant derrière les dames, au second rang des loges, l'habit bien empesé et la cravate savamment jetée, se placent les ministres, les banquiers, les diplomates et les dilettanti ; la corne dorée, la fourche au poing, grave et imposant comme un sergent de garde bourgeoise, un démon veille à chaque issue ; mais ce que vous n'auriez pas vu sur la terre, aux stalles réservées pour les hauts dignitaires, ce ne sont qu'évêques, cardinaux, archevêques, revêtus de leurs plus beaux atours, et ne tenant compte de la canaille du parterre qui, parquée derrière cette forêt de houlettes et de coiffures épiscopales, ne cesse de crier : *A bas le chapeau rouge ! à bas la crosse ! à bas la mitre !*

Après cela, dans une loge restée vide, et richement drapée, voyez venir sa majesté Satan ; il est accompagné de ses hauts dignitaires et de madame la Mort, reine des royaumes infernaux, de la terre, du monde, et autres lieux circonvoisins ; sur quoi la pièce commença, dont nous ne saurions au juste donner l'analyse. Nous pouvons dire cependant que deux scènes furent merveilleusement applaudies. Dans l'une, le poète et le musicien avaient agréablement tourné en raillerie la félicité des justes, *condamnés*, disaient-ils, pour toute réjouissance, à chanter éternellement l'*Hosanna in excelsis* devant la face du Très-Haut. On laisse à penser du succès que cette parodie dut avoir devant un pareil auditoire.

La donnée de l'autre scène, quoique plus fine et plus délicate, ne fut pas moins goûtée. Dans une langoureuse cavatine, un bienheureux se plaignait de n'avoir plus retrouvé dans le ciel ses amitiés de la terre ; il ne pouvait se consoler d'avoir vu toutes les forces aimantes de son ame aller se résumer dans le mystique amour des perfections divines, et il demandait qu'on lui rendît ses amours grossières de la création et les yeux de sa bien-aimée.

Ensuite ce fut le ballet.

Plusieurs danseuses vinrent successivement rivaliser de grâces et de molles attitudes. A chaque pas brillant, à chaque pirouette hardie, le roi donnait lui-même le signal, et des tonnerres d'applaudissemens retentissaient ; mais quand ce fut le tour de Sara, il affecta, car cela était dans son plan, une froide indifférence, que le reste des spectateurs partagea avec lui. La pauvre fille avait beau se dépenser en efforts, un désespérant silence l'accueillit jusqu'à la fin de la scène; aussi, en rentrant dans les coulisses, d'où ses compagnes avaient vu sa mésaventure, elle fut saisie d'une violente attaque de nerfs. Alors le roi Satan, qui avait voulu faire cet essai, tint pour certain que le plus grand supplice à infliger à une ame d'artiste, c'est la supériorité de ses rivales : assuré de l'excellence de ce nouveau mode de torture, et ayant autre chose à faire que d'assister jusqu'au bout à l'intrigue d'un ballet, il se leva, et aussitôt les gardiens, à grands coups de fouet, firent évacuer la salle par l'honorable assistance.

Depuis ce temps, dans cette salle déserte, dont une petite lampe, à la lumière tremblotante, ne sert qu'à sonder l'incommensurable solitude, la pauvre Sara, ayant toujours à l'oreille le bruit des applaudissemens donnés à ses compagnes, est là, qui danse sans relâche; et il n'y a pas d'orchestre pour lui marquer la mesure, pas d'yeux pour contempler ses grâces et sa beauté, pas de prince russe pour s'en éprendre, et lui escompter son admiration.

UNE BONNE FORTUNE.

UNE BONNE FORTUNE.

C'est chose curieuse qu'une soirée de Palerme, au bord de la mer murmurante, sous les flots du soleil d'été, au milieu de cette population grimaçante et mobile, plus originale mille fois et moins connue que la race classique des abbés, des courtisanes et des lazzaroni napolitains. Grâce aux romans et à la scène, Naples est vieux pour moi :

on me l'a gâté; on m'a usé ce ciel et cette mer pleins de prestiges. La Sicile est neuve et inconnue ; il y a là un double reflet venu de l'Arabie et de l'Espagne. Des murailles sarrazines s'élèvent autour de vous ; des costumes espagnols flottent aux fenêtres et étincellent sur les quais. C'est une féerie comique et fantastique ! Et l'air est si doux, la brise apporte tant de parfums avec sa fraîcheur, la chanson du pâtre lointain a quelque chose de si sauvage et de si tendre ! Vous ne respirez que fleurs, vous ne voyez que débris de marbres et fragmens de temples. C'est encore un fragment de grotesque comédie que cette aristocratie en guenilles, et sur ces guenilles de l'or ; ces femmes belles comme dans l'ancienne Syracuse, et vêtues comme on l'était il y a quarante ans; puis au milieu des chanteurs et des promeneurs, un gros moine rebondi qui vous offre un crâne de mort au bout d'une croix noire, et vous demande l'aumône en riant, son urne sépulcrale toujours brandie et vacillante sous votre menton ; puis des carrosses découverts roulant doucement sur la Marina (1), chargés d'abbés qui rient, qui s'éventent

---

(¹) *La Marina*, quai de Palerme.

avec des plumes, qui se parfument, qui prennent du tabac, qui savourent des sorbets. Auprès des abbés sont des princes écrasés de noms propres et d'ennui, traînant de leur mieux leur gloire séculaire, leur obscurité profonde et leur pauvreté incurable. Quelques-uns d'entre eux se jettent dans la dévotion, d'autres dans la débauche, d'autres dans les arts. J'ai connu un prince palermitain qui s'est ruiné en sculptures d'un genre inouï; il faisait exécuter des bouteilles hautes de trente pieds et taillées dans le marbre; des pions d'échecs de dimensions colossales, et dont le régiment garnissait une vaste cour de son palais; un polichinel grand comme Atlas, en agathe et en onyx; au milieu de l'étoile du parc une longue marotte d'ébène s'élevait en forme de pyramide. Toutes ces inventions fantasques coûtèrent sa fortune au prince de ***, et l'envoyèrent mourir à l'hôpital. Ce que c'est que l'oisiveté entée sur la sottise et la richesse !

Vous qui avez de belles couleurs sous votre pinceau, mes amis, donnez-nous la copie du tumulte de la Marina, reproduisez ce bruit d'un peuple indigent qui jouit de se sentir vivre, ces baise-mains jetés au vent et rendus de toutes parts : *bonjour! bonsoir !* lancés de carrosse en carrosse, avec plus de verve que de bon ton ; et la cloche de l'*Angelus* retentissant sous ce beau ciel dont l'azur noir se fond dans une teinte d'émeraudes : belle et ravissante scène en vérité ! On l'a très-peu admirée et rarement décrite. Il est à la mode d'aller à Rome et à Naples; la Sicile n'est pas encore *fashionable*.

J'admirais ce spectacle, et je m'étais appuyé, pour en mieux jouir, contre la muraille basse ornée de petits pilastres d'architecture sarrazine qui suit le rivage de la mer, et présente aux promeneurs fatigués une longue et commode banquette de marbre *fruste* et usée depuis des siècles. Je m'assis sur ce banc. L'air maritime soufflait dans mes cheveux ; la mobile scène passait devant moi.

Un capucin à longue barbe vint prendre place à mes côtés. Il avait l'air souffrant, son extérieur était plutôt triste et simple que dévot et humble. On lui aurait donné cinquante ans, et on l'aurait pris pour un ancien militaire. Sa physionomie n'était pas sicilienne. Au lieu de se contracter avec une mobilité presque convulsive, elle était froide, sévère, résignée. Vous avez rencontré dans votre vie de ces traits heureux qui appellent la confiance et la fixent; vous vous intéressez involontairement à cette physionomie inconnue; ce n'est pas de la beauté ni même de la grâce; vous vous dites : « La souffrance a passé par là; elle a passé, non sans se faire sentir; elle n'a point rencontré un corps d'airain, une ame de bronze, mais un être faible, tendre, mais une organisation délicate; la lutte a été cruelle. Et voici cet être, il n'a pas été brisé; approchons pour en toucher les restes. C'est en lui qu'a eu lieu le combat, c'est lui qui a été le théâtre, la victime et l'athlète. »

Je voulais lier conversation avec le capucin; je lui demandai l'heure. Il me regarda fixement, reconnut sans doute à mon accent que j'étais étranger à Palerme, et me répondit en anglais :

« Il est huit heures. »

Puis il se leva et partit.

Je sais l'anglais; la prononciation du capucin était

toute nationale et franchement britannique ; je ne pouvais m'y tromper. Mais comment cet Anglais était-il venu à Palerme ? Un homme de cette nation en Sicile et sous la robe de capucin ! Il y avait là quelque mystère que je voulais approfondir. Je revins le lendemain à la même place dans l'espérance de l'y retrouver ; en effet il y était. Les jours suivans même manége. Peu à peu sa farouche humeur s'adoucit ; je parlais anglais avec lui, cela lui gagna le cœur. Il vit que je désirais me lier avec lui, et s'y prêta sans peine ; il avait de l'instruction et une connaissance pratique assez étendue des hommes et des choses : quinze jours après notre première entrevue il me raconta sa vie.

Rien n'est plus touchant qu'une douleur vraie qui se juge, se condamne et se contraint. La voix du moine était ferme, son œil restait sec, mais on voyait que ce calme lui coûtait. Il faisait l'histoire de son malheur comme un brave invalide raconte la campagne où il a perdu un de ses membres. La conversation n'était point encore tombée sur cette matière, et il ne m'avait parlé ni de ses antécédens, ni de ses malheurs, lorsque je m'avisai de lui demander depuis combien de temps il portait cette robe.

« Ne me jugez pas d'après elle. Vous ne me connaissez pas, me répondit-il. J'ai adopté le couvent comme un lieu de paix et de retraite, et cette robe comme une égide commode contre la vie et ses tourmens ; je ne suis pas de l'ordre de Saint-François. Les moines de ce pays, classe d'hommes dont on dit tant de mal, sont d'une admirable tolérance ; ils me laissent porter leur costume, partager leur vie, et ne m'imposent pas leurs croyances ; ils me souffrent et m'aiment. Je suis protestant. Que cela ne vous étonne pas : nous autres philosophes de France et d'Angleterre nous ne savons pas ce que les couvens d'Italie et d'Espagne renferment de lumières et de bon sens. Jamais nos moines ne me font subir l'ennui d'aucune controverse ; je vis avec eux, et j'y vis..... tranquille. »

A ce dernier mot il hésita, il s'arrêta, il n'osait pas dire *heureux*. Une rêverie plus sombre nuagea ce front pensif ; des idées tristes l'assiégeaient. Il garda quelques momens le silence, appuya sa tête rasée entre ses mains, et me dit :

« Je suis du comté de Herford. Quand notre armée

revint d'Alexandrie, le vaisseau de transport sur lequel je me trouvais avec plusieurs autres officiers fut incapable de tenir la mer, et nous relâchâmes à Messine. Fatigués des incommodités sans nombre de l'existence orientale, des détestables appartemens du Caire et de la vie de vaisseau, nous descendîmes au lazaret; nous le trouvâmes commode et de bon goût. Vous savez ce que c'est que ce lazaret : une mauvaise cour carrée avec un cimetière au milieu. On est là, isolé des vivans, sans communication avec la terre, et sans autre récréation que l'espérance d'en sortir bientôt. Mes camarades supportaient fort bien leur position ; les journaux anglais que l'on nous envoyait fournissaient un aliment à leur curiosité et à leur gaieté. Ils jouaient, ils chantaient ; j'étais triste et j'ignorais la cause de cette tristesse. Un indicible pressentiment pesait sur moi ; dans nos journaux je ne trouvais rien qui se rapportât à ma famille ou à mes amis ; les journaux stériles comme cette mer aux flots plats et tristes, comme ces murs jaunes et lugubres qui m'environnaient. Mes camarades me raillaient; je ne savais que leur répondre. Enfin notre quarantaine s'acheva.

» Vous connaissez sans doute la disposition des

théâtres de Messine : ils sont distribués en stalles où chacun trouve la place que le hasard lui assigne, de sorte que trois ou quatre rangs d'auditeurs peuvent vous séparer des personnes de votre société. C'est ce qui m'arriva le soir même où la liberté nous fut rendue. Toutes les loges étaient pleines ; nous allâmes prendre place au parterre, mes camarades et moi ; nous fûmes obligés de nous asseoir à de grandes distances les uns des autres. Dans un entr'acte plusieurs Siciliens assis près de moi se levèrent, et d'autres officiers anglais accompagnés d'un jeune homme en costume de ville prirent leur place. Ils parlaient très-haut, et j'appris que le dernier interlocuteur était arrivé le soir même à Messine par le paquebot.

» C'était un homme de taille moyenne, l'œil bleu et fixe, le regard attentif, pour ne pas dire insolent ; un véritable Anglais de l'école moderne. La secte était nouvelle alors, le Caire et Alexandrie ne m'avaient rien offert de tel : aussi l'examinais-je avec curiosité et l'écoutais-je avec attention. L'officier auquel il s'adressait, et qui semblait fort intime avec lui, avait été son condisciple au collége d'Éton. La cravate du nouveau venu l'emprisonnait si étroitement, ses grandes joues étaient d'une si belle couleur safranée, son affectation d'austérité sourcilleuse contrastait si ridiculement avec la fatuité de ses paroles, que j'oubliais le spectacle pour le contempler et pour l'entendre.

» Il m'est arrivé bien des choses, mon cher, disait-il à son camarade, depuis nos vieilles folies d'Éton. Vous me direz, vous, combien de villes nouvelles vous avez visitées, et à combien de batailles vous avez assisté : cela est très-héroïque et très-beau ; moi, je vous dirai, en revanche, combien de chevaux j'ai tué à la chasse, et combien de maris désolés m'ont envoyé à tous les diables. La liste en est longue, par Dieu ! et je ne vous en ferai pas grâce. Ce qui m'amène à Messine aujourd'hui, et me force d'assister à ce spectacle que Dieu damne, c'est l'éclat de ma dernière affaire de ce genre. Il s'agissait d'une femme mariée, jolie, intrigante, et dont la rouerie profonde eût aisément servi de modèle à tout ce que la France et l'Espagne possèdent de plus consommé en ce genre. Vous sentez que la délicatesse m'empêche de la nommer. Tout nous ordonnait une conduite prudente ; eh bien ! malgré notre habileté mutuelle, nous fûmes trahis. Une femme, une aubergiste de la route de Bath, que j'avais daigné dans le temps honorer de quelques regards, éventa notre complot anti-conjugal, et me menaça de l'ébruiter. C'eût été dangereux de toute manière : la dame a des parens qui ne plaisantent jamais, et nos tribunaux font payer cher les maladresses amoureuses. J'achetai le silence de notre hôtesse, et me voici à Messine, où je compte passer quelque temps loin de celle dont mon absence protégera sans doute la réputation. »

» Cette conversation fit peu d'impression sur moi dans le premier moment. Je ne remarquai que deux choses : la corruption froidement frivole du jeune dandy, et la dépravation de sa complice. Je rentrai chez moi. Un paquet de lettres et de journaux se trouvait sur ma table. Je reconnus l'écriture de ma femme, et je me hâtai de décacheter sa lettre. On ne peut être attaché à une amante, à une sœur, à une épouse, par des liens plus doux que ceux qui m'unissaient à Marie. Sa lettre respirait toute la tendresse d'une ame pure et dévouée. Depuis que j'avais épousé Marie, elle ne m'avait pas causé un seul chagrin. Jeune fille élevée dans un des comtés les plus sauvages de l'Angleterre, appartenant à une des familles les plus illustres de la pairie, elle unissait à la grâce et à la dignité aristocratique la rare magie de l'ingénuité la plus touchante. »

Le capucin se leva; le soleil baissait, nous nous dirigeâmes vers son couvent. Il me fit entrer dans sa cellule, et pendant que la nuit commençait à tout obscurcir, il continua en ces mots :

« Dans la lettre de ma femme elle faisait mention d'un voyage à Bath et d'un retour subit à Londres, retour causé par la mauvaise santé de sa mère. Je reconnaissais dans ces lignes, pleines de sensibilité, toute son ame angélique, et je me félicitais d'avoir rencontré une telle épouse, lorsqu'en portant la main sur le paquet de journaux une singulière réflexion m'occupa. Le mot Bath, si souvent reproduit dans la conversation du dandy, se montrait aussi dans la lettre de ma femme; ce rapprochement frappa mon esprit d'une étrange terreur. Ce n'était pas un doute, ce n'était pas un soupçon, c'était comme une vague, une lugubre et lointaine clarté. Une angoisse jalouse me saisit le cœur, et je tremblai un moment comme la feuille. Je me rappelai toute la vie passée de ma femme, son amour pour ses devoirs, la profondeur simple et naïve de ses affections, je m'accusai moi-même : mais je ne pouvais échapper à ce tourment. Entre sa vertu et ma confiance, il me semblait qu'un démon gigantesque s'élevait pour en éclipser la clarté et me plonger dans des ténèbres profondes.

» Comment vous peindre, monsieur, ce supplice d'une jalousie fondée sur la plus légère hypothèse, conçue dans un pays étranger, sans aucun moyen d'en vérifier la réalité ou l'injustice? Tous mes raisonnemens étaient inutiles, le dard envenimé restait là enfoncé dans mon sein. Je ne pouvais le secouer ni l'arracher. L'horreur de la même pensée me poursuivait sans relâche. Je me levai, me promenai à travers la chambre et ne retrouvai un peu de calme que vers une heure du matin, après avoir respiré à longs traits l'air embaumé de la nuit sicilienne. Le portrait de Marie se trouvait dans l'intérieur d'un de mes portefeuilles; je l'ouvris, je contemplai cette image qui s'offrit à moi pure, naïve, candide; c'étaient bien ces traits si modestes dont l'expression semblait me reprocher mes soupçons outrageux et se plaindre de ma défiance. Un sentiment amer et brûlant comme le remords s'empara de moi; j'étais prêt à demander pardon à ce portrait. Je me calmai ensuite; et, rallumant ma lampe que le vent venait d'éteindre, je repris le paquet de journaux que j'avais négligé d'ouvrir.

» Après avoir parcouru négligemment plusieurs paragraphes politiques et littéraires, je me mis à lire cette partie de nos feuilles publiques où, sous le titre de *Bruits de la ville et de la cour,* on accumule hardiment tous les scandales semés dans les salons et dans les tavernes. Voici le passage étrange qui frappa mes regards, et que je relus plusieurs fois avec une anxiété que vous n'aurez pas de peine à deviner :

« Il n'est bruit dans le monde que de la piété filiale de la belle et jeune mistriss Os... qui a quitté tout à coup les plaisirs de Bath pour suivre sa mère souffrante. On dit que la réputation de la fille est aussi invalide que la santé de la mère. »

» Je laissai tomber le journal. Mon nom est Osprey. L'initiale dont le journaliste s'était servi était précisément celle du nom de ma femme et du mien.

»Vingt balles eussent frappé et déchiré ma poitrine à la fois que je n'eusse pas souffert davantage. Ces lignes du journal ajoutaient à mes soupçons un venin mortel et une hideuse probabilité. Je n'essaierai pas de décrire l'état dans lequel je tombai ; le temps s'écoula, l'horloge d'un couvent voisin sonna quatre heures. Je repris machinalement un autre numéro du même journal, où, sous la même rubrique dont j'ai déjà parlé, se trouvait le paragraphe suivant :

« Les insinuations scandaleuses et injustes dont lady O.... et sa famille ont été l'objet sont formellement démenties par des personnes dignes de foi. »

» Je méditai long-temps ces paroles, et j'y vis non une attestation de l'innocence de la dame accusée, mais seulement une réponse adroite, et la preuve irréfragable d'une réputation déjà flétrie. D'ailleurs le dandy n'avait-il pas répété que sa maîtresse était ingénieuse dans le vice, spirituelle dans ses excès, féconde en ressources pour les voiler, d'une dissimulation profonde, d'une adresse sans égale, d'une perfidie qui eût fait honte aux plus habiles. Plus je rêvais, plus mon anxiété augmentait ; la fièvre s'emparait de mon cerveau. Tourment insupportable! Le matin je me jetai sur mon lit, où je restai étendu et pleurant. Tantôt ma femme m'apparaissait comme l'ange de nos premières amours, tantôt comme un monstre odieux. Dans le flux et le reflux de mes pensées je ne savais à quoi me fixer ; je ne pouvais aller demander raison à l'homme dont les paroles avaient soulevé dans mon sein cette affreuse tempête. Le mot Bath retentissait à mon oreille comme un glas funèbre.

» Il était onze heures quand je sortis au hasard ; et bientôt, par un mouvement presque machinal, je m'acheminai vers un couvent de bénédictins où demeurait un homme que j'avais remarqué pendant le séjour que j'avais fait précédemment à Messine. Il se nommait le père Anselme ; sa sagacité était rare et puissante ; il donnait un démenti formel à l'opinion vulgaire, mais ridicule et fausse, qui peuple les couvens d'une race ignorante, oisive et inutile.

» Ne croyez pas que toute l'intuition du cœur humain appartienne aux gens du monde : la solitude donne des leçons. Un moine qui a l'instinct de l'observation en sait plus sur vous et sur moi que le favori des salons et des boudoirs n'en saura jamais. Ce dernier se dissipe, sa sagacité se perd sur une surface plane; son esprit de détail s'applique à des riens. Le solitaire, s'il a l'esprit droit, creuse à une profondeur inouie, découvre des rapports ignorés des autres hommes, étudie le monde sans le voir, devine les secrets des cœurs sans se confondre dans la tourbe sociale, pénètre le ciel et l'enfer, invente dans sa cellule tout ce qui doit changer le globe : c'est Roger Bacon devinant la machine à vapeur et la circulation du sang; c'est Abeilard et Occam préludant au scepticisme de Voltaire; il n'y a que les esprits sans portée qui se moquent des cénobites. Le cénobitisme est le nourricier du génie; la cellule en est le berceau. Croyez-vous que ces jésuites qui émouvaient le monde et pétrissaient les ames royales eussent acquis dans le tumulte d'une société bruyante leur génie si fécond et si dangereux? Non. Même le talent de l'intrigue peut émaner de la cellule : là, dans la solitude, en face du ciel, loin du mouvement des pensées tumultueuses, qui nous enlèvent à nous, germent et grandissent tous les bons et mauvais génies.

» Le père Anselme, Vénitien de naissance, était un remarquable exemple de sagacité et de finesse mondaines, chez un prêtre enfermé dans le cloître.

» J'avais beaucoup de confiance en lui et je crois qu'il

m'aimait. Les prêtres siciliens forment, vous ne l'ignorez pas, une classe à part. L'hérésie ne leur fait pas peur, combien de fois ai-je entendu le père Anselme me dire :

« Vous autres Anglais, vous êtes une grande nation,
« et Dieu ne voudra pas damner des hérétiques tels
» que vous. »

» Je lui appris tout ce qui m'agitait, je ne lui cachai pas la moindre particularité des événemens de ma vie, pas un des détails que je viens de vous donner. Il m'écouta paisiblement, et me répondit :

» — Retournez chez vous, ce soir vous reviendrez au couvent après vêpres. Peut-être alors serai-je en état de vous donner quelques conseils.

» J'allai m'enfermer dans ma chambre. Mes camarades s'étaient absentés, et sous la conduite d'un cicerone ils visitaient les ruines dont cette partie de la Sicile est semée. Je fus heureux de pouvoir rester seul et triste dans mon appartement. J'attendis avec impatience le moment de notre entrevue. Le jour baissait; à la porte du couvent un religieux appartenant aux ordres mendians causait avec Anselme; quand ils me virent, leurs regards semblèrent se fixer sur moi avec une expression de pitié. En Sicile, comme dans tout le reste de l'Italie, la police secrète se trouve entre les mains des prêtres. Je ne sais si le père Anselme avait consulté ce moine sur ce qui m'intéressait si vivement; mais quand il eut fait ses adieux, il me prit par la main et me dit :

» —Venez.

» Sa figure était plus grave qu'à l'ordinaire. Nous entrâmes dans l'église; elle était déserte. Qu'elles sont belles, monsieur, nos églises siciliennes, où le génie de la mosquée d'orient s'allie au génie du catholicisme occidental ! Vous aimez sans doute ces mosaïques incrustées, ces saints de couleurs tranchantes, ce mélange d'éclat et de ténèbres, ces nombreux monumens, un ciel éthéré apparaissant à travers les dentelures et les trèfles des hautes voûtes; l'or et la pourpre resplendissant dans les chapelles, et les versets du Coran qui se lisent encore au bas des corniches noircies par la fumée des cierges chrétiens? Malgré cette pompe, il y avait autour de moi, dans cette solitude du temple, une tranquillité pour ainsi dire palpable qui m'enlaça, me saisit, pesa sur moi comme un manteau de plomb, et dit à la fièvre de mes passions : *Fais silence.*

» Le père Anselme me conduisit vers le fond de l'église, s'arrêta derrière le maître-autel, et là il me dit :

» — Mon fils, quoique nous soyons de communion différente, agenouillez-vous ici. Je suis prêtre et vieux, vous recevrez mes conseils d'homme et de pasteur, vous plierez le genou, non devant moi, mais devant Dieu qui nous frappe et nous sauve.. Nous prierons ensemble.

» J'étais troublé, je fis ce qu'il me disait. Après quelques prières communes, il reprit :

» — Votre soupçon est fondé.

» Un long soupir s'échappa de mon sein, et je ne pus rien répondre.

» — Partez pour l'Angleterre, écrivez à votre femme

sans lui témoigner aucun soupçon ; passez par Bath où demeure la femme dont on a acheté le silence ; payée pour se taire, elle parlera si vous lui offrez un meilleur prix. Que rien ne trahisse votre intention avant que vos soupçons soient éclaircis ; quand vous connaîtrez toute la vérité, vous vous conduirez comme un homme d'honneur doit le faire, et vous abandonnerez la coupable à ses remords, ou vous rendrez votre confiance à l'épouse fidèle.

» En ce moment quelques personnes entraient dans l'église ; nous étions placés de manière à ce que je pusse les voir sans être aperçu d'eux.

» — C'est lui ! m'écriai-je.

» En effet le jeune Anglais, dont le nom était sir Ormond Mondeville, venait d'entrer dans l'église, accompagné d'un de ses amis. Il n'était pas étonnant que, nouvellement arrivé à Messine, il s'empressât de visiter l'intérieur de cette nef remarquable, l'une des curiosités les plus pittoresques de la contrée. Le père Anselme vit mon mouvement et me retint.

» — Je suis plus calme que vous, me dit-il, je vais lui

parler; vous devez vous taire. Le moine salua sir Ormond et lui fit remarquer une belle et vieille statue de bronze placée à droite du maître-autel. J'essayai de lier conversation avec l'un des officiers qui se trouvaient là; je ne sais ce que je lui dis, mais, incapable de lier deux paroles et deux idées, je suis persuadé qu'il me regarda comme un fou ou comme un idiot.

» Anselme s'exprimait avec facilité, avec élégance; sa courtoisie envers sir Ormond me surprenait. Malgré l'état d'irritation fébrile où je me trouvais, j'étais frappé de la singularité de sa conduite. Il me semblait qu'il s'agissait pour lui d'une expérience à faire. Sa froideur se communiqua, pénétra jusqu'à moi: je le suivis en silence et beaucoup plus calme, plus recueilli, plus attentif.

» J'avais donné à ce moine des renseignemens exacts qu'il m'avait demandés, sur ma femme, sur son caractère, sur ses traits, le son de sa voix, la couleur de ses cheveux, la forme de son visage et l'expression de sa physionomie. Il causait vivement avec sir Ormond et arrêtait son attention sur les portraits des saints pères, qui peuplaient le temple, profitant de la liberté italienne pour commenter ces tableaux, demander au jeune homme son opinion sur leur beauté relative, et déduire des conséquences morales de leur extérieur mélancolique ou sévère. Lorsque sir Ormond parlait, le long regard noir d'Anselme descendait dans l'ame de son interlocuteur; mais mon compatriote restait indifférent et calme, et toute cette investigation métaphysique, chef-d'œuvre de pénétration intuitive et d'inquisition intellectuelle, n'aboutit qu'à nous montrer un cœur froid, des sens blasés, un faux goût pour les arts, et un cœur incapable de véritable passion dans aucun genre. En vain Anselme éveillait tout ce que le fond d'une ame humaine peut renfermer d'associations et de souvenirs tendres et délicats, rien ne vibrait à l'unisson chez notre dandy. Il développait par saillies un épicuréisme facile et sans choix, mêlé d'une vanité de fat : puis, sans savoir qu'il avait placé dans les mains de l'étranger une clef qui découvrait le triste trésor de ses secrètes pensées, il remercia Anselme de sa complaisance et s'en alla.

» —Vous voyez cet homme, me dit le moine; la femme qui aura cédé à ses instances ne mérite pas un regret, car il n'a pas un remords. L'intrigue dont il vous a fait involontairement confidence n'est qu'une folie de jeune homme ; si malheureusement votre femme est coupable vous devez l'oublier à jamais.

» — Elle mourra ! lui dis-je.

» Il me regarda sévèrement.

» — Une erreur de ce genre ne mérite pas votre colère et vous dégage de toute affection. L'épreuve à laquelle j'ai soumis ce jeune homme est certaine ; il n'a pas aimé, il n'aime pas, il n'est pas aimé. Un amour profond, même quand on ne le partage pas, laisse son empreinte chez la personne aimée. Croyez-moi, mon fils, ces gens ont péché sans vous offenser. Dans le cas où le crime que vous soupçonnez serait réel, bénissez le ciel ; il vous délivre d'une compagne qui vous aurait déshonoré tôt ou tard.

» Ces paroles d'Anselme me semblaient oraculaires ; je ne cherchais pas à les comprendre ou à les discuter. Il me fallait un guide, ma main le suivait sans réflexion.

» Mais essayer de bannir l'image de Marie était inutile; je ne pouvais déraciner ainsi mon premier et mon seul amour. Tout rappelait à mon esprit sa beauté, sa simplicité, sa piété, surtout cette délicatesse du sens moral qui s'accordait si peu avec la grossière erreur et l'entraînement sans excuse que l'on attribuait à la maîtresse de sir Ormond. Cependant la première rage était passée. A ma fureur succéda une douleur plus calme, et, si je puis me servir de cette expression, plus exquise. Oh! l'angoisse de ces journées! Oh! la douleur de perdre une telle consolation, un tel soutien, un tel amour, tout l'espoir de ma vie!

» Deux jours après je m'embarquai pour l'Angleterre, et aussitôt après mon arrivée à Falmouth, je partis pour Bath. C'était là qu'étaient restées les traces du crime, et que m'attendaient les seuls renseignemens que je pusse espérer. Me voilà en face de l'auberge que sir Ormond avait désignée; j'entre, tout mon corps frémit de crainte. Une femme de moyen âge et assez jolie se présente à moi, c'est la maîtresse de la maison. On me sert du thé. Sous prétexte que j'ai quitté depuis long-temps l'Angleterre et que je désire m'instruire de quelques particularités relatives à l'état de mon pays, je prie la servante de demander à sa maîtresse si elle peut venir prendre le thé avec moi.

» J'étais arrivé à mon but, et j'allais causer avec celle qui connaissait le secret fatal. Elle monta dans ma chambre, et les discours que je tins furent si incohérens qu'elle s'en étonna. J'étais trop préoccupé du seul sujet qui m'intéressât, pour que mes autres paroles ne fussent pas obscures et confuses. Je passais d'un sujet à l'autre, et j'essayais vainement de donner à ma conversation l'ordre et la suite nécessaires pour inspirer de la confiance à l'hôtesse. Quand je vis que ses regards surpris se fixaient sur moi :

» — Pardon, lui dis-je, madame, vous vous apercevez de mon inquiétude; j'ai des sujets de chagrin profonds, des soupçons cruels à éclaircir; je suis jaloux d'une femme que j'adore, et l'anxiété où je suis doit se peindre dans tous mes discours.

» Je vis que son cœur de femme s'intéressait à mon chagrin et que sa curiosité était excitée.

» — Hélas! repris-je, le lieu même où je suis ne fait qu'accroître mon émotion. S'il faut en croire au scandale qui est venu jusqu'à moi dans un pays étranger, c'est à Bath même que s'est formée l'intrigue qui me désespère. »

» A mesure que je parlais j'examinais à la dérobée les traits de l'aubergiste dont l'émotion et le trouble s'accroissaient pendant mon récit.

» — Je ne connais pas assez la ville de Bath, continuai-je d'un ton assez indifférent, pour trouver sur un sujet qui m'occupe si cruellement des informations exactes. Je sais seulement que l'homme auquel on prétend que je dois mon déshonneur est sir Ormond Mondeville.

» L'hôtesse pâlit; je n'eus pas l'air de m'en apercevoir.

» — Je servais à l'étranger : ma femme et sa mère vinrent passer quelque temps à Bath. Voici, madame, comment on m'a fait le cruel récit de ma honte et de mon malheur : sir Ormond les attendait dans une auberge de Bath ou des environs.....

» L'hôtesse, qui tenait une tasse de thé à la main, trembla et en répandit le contenu sur la table. — La jeune femme quelle qu'elle soit, sous prétexte d'une indisposition grave, demanda une chambre séparée. Au milieu de la nuit, l'hôtesse entendant du bruit dans la chambre de cette dernière y entra; sir Ormond Mondeville s'y trouvait : cent livres sterling furent offertes par sir Ormond à cette femme, qui lui promit le silence.

» Je crus que l'hôtesse allait se trouver mal.

» Les renseignemens que m'avait donnés le père Anselme étaient si précis, j'affectais une si complète ignorance du rôle important que l'hôtesse avait joué dans l'aventure, enfin j'étais si bien instruit qu'elle fut obligée de convenir que tout était vrai et que son auberge avait été le théâtre de l'aventure. Je ne voulus pas pousser plus loin mon enquête, et le lendemain je partis pour Londres sans vouloir lui dire mon nom. Il me restait une dernière et faible espérance, la possibilité de quelque méprise qui aurait disculpé Marie, et m'aurait rendu le bonheur. Qu'on imagine avec quelles palpitations de cœur je retrouvai le foyer domestique!

» Marie, en me voyant, se jeta dans mes bras avec une effusion de sensibilité qui me toucha d'abord ; puis songeant à sa perfidie, je crus sentir les étreintes d'un serpent, et je fus près de la repousser : je me contraignis. Avec quelle admiration maternelle elle me parla de la beauté de nos enfans, de leurs grâces enfantines et de ses espérances ! Comme je souffrais, monsieur, de tout ce qui, sans cette fatale circonstance, m'eût pénétré de bonheur ! Chaque battement de mes veines était une douleur ; chacune de ses paroles me frappait comme une blessure. Elle pleurait, tout agitée encore de la joie de mon retour, et comme je l'observais d'un air sombre, je crus découvrir dans son regard je ne sais quelle lueur étrange ; cet indice excepté, tout en elle respirait la tendresse et la candeur. Pour moi, je n'y voyais que ruse et déception. Elle m'amena ses enfans avec une allégresse et un triomphe de mère : il était impossible de conserver l'ombre d'un soupçon en la regardant ; mais elle se détourna, je l'épiai, et je la vis essuyer furtivement des larmes qui coulaient de ses yeux. C'était pour moi la preuve d'un remords qui se trahissait involontairement, le témoignage d'une angoisse secrète infligée par le repentir à cette âme qui n'était point encore entièrement corrompue.

» Je ne sais si ma femme s'aperçut de la contrainte et du tourment que j'éprouvais, il y eut entre nous un moment d'embarras et de silence, puis je pris tout à coup ma résolution.

» — Emmenez les enfans dans la chambre de leur nourrice.

» On les emmena, je restai en silence : Marie les vit partir sans leur adresser un mot, sans leur faire une caresse; sa stupeur acheva de me convaincre. Quand la porte fut fermée je la regardai, elle était pâle; elle arrêtait sur moi un œil hagard, et restait muette devant moi.

» — Madame, veuillez répondre à quelques questions.

» Elle se tut.

» — Quand avez-vous fait connaissance avec sir Ormond Mondeville?

» Point de réponse.

» — Est-ce dans votre voyage de Londres à Bath?

» Même silence.

» — Répondez-moi, malheureuse femme ; je voudrais pour tout au monde vous arracher au coup de l'infamie qui vous flétrit. Répondez !

» A ces mots je me levai; elle se leva aussi, étendit ses bras vers moi, puis laissa échapper un éclat de rire convulsif, mouvement si terrible, si hideux à voir, et accompagné d'un cri si aigu que vous auriez frémi, que je tremble encore d'horreur en me le rappelant. Puis elle me contempla un instant d'un air solennel, et tomba par terre. Je commandai au domestique de la porter dans sa chambre. Un reste de tendresse me parlait pour elle; je pris soin d'elle, et aussitôt qu'elle eut repris l'usage de ses sens, je sortis pour me rendre chez son père. C'est un plus des vénérables vieillards de la pairie anglaise; homme froid, d'une probité à toute épreuve, et d'une rare hauteur de raison. J'étais si douloureusement ému que, lorsque je le vis, les larmes jaillirent de mes yeux.

» Sa froideur m'étonna. Elle contrastait avec mon émotion et semblait me la reprocher. D'un air de réserve et de hauteur cérémoniale, il me demanda ce que je venais faire en Angleterre, depuis combien de temps j'y étais, et si je comptais y rester long-temps. Je me persuadai qu'il savait d'avance les torts de sa fille, et que sa froideur avec moi n'était qu'un moyen d'éloigner les reproches que j'avais à lui faire. Dans tous les temps, il est vrai, je l'avais vu froid, posé, et ses ennemis taxaient de morgue et d'insolence aristocratique la réserve de ses manières. Mais bouleversé comme je l'étais, il me semblait que cette froideur était une insulte à mon émotion. Je m'armai de courage, mes larmes se tarirent, et je lui fis à mon tour, d'un ton calme et concentré, le récit de mon aventure à Messine et de ma visite à Bath. Je ne lui cachai aucune particularité, ni la lecture de ce fatal article de journal, ni les conseils du père Anselme, ni ma conversation avec l'hôtesse.

» Il m'écouta en silence. Sa fille avait paru consternée, lui n'était qu'attentif. Il fit plusieurs tours dans sa galerie d'un air méditatif, passant souvent sa main sur son front, mais sans trahir aucune émotion par ses gestes ou ses paroles.

» — Cela n'est pas impossible, me dit-il ensuite en croisant les bras et s'arrêtant devant moi.

» C'était un caractère profond, parfaitement maître de lui-même dans toutes les circonstances, qui exprimait toujours une pensée par une parole et cachait la plus grande partie de ses pensées. Il continua cependant :

» — Ce que vous me dites est étrange; nous verrons.

» Une larme roulait dans ses yeux, il se hâta de l'essuyer. La douleur de cet homme vénérable, cette double souffrance de l'orgueil et de l'amour paternel, cette larme arrachée à un vieillard toujours calme et maître de lui, m'ébranlèrent jusqu'au fond de l'ame. Je me levai brusquement. Tout semblait confirmer nos soupçons.

» — Je partirai bientôt, lui dis-je; d'ici à mon départ,

j'habiterai la maison de ma mère, où je vais faire conduire mes enfans.

»—Vous n'avez pas perdu de temps, monsieur, et vous allez bien vite : au surplus, je passerai chez vous dans la journée.

» Nous nous quittâmes froidement. J'étais déterminé à faire avec la plus grande promptitude les démarches nécessaires pour hâter le divorce, et je ne doutai pas un moment de la justesse de nos soupçons. Si les preuves légales du crime manquaient, toutes les preuves morales concouraient à le prouver : la consternation de Marie, le long silence de son père, le trouble et l'aveu de l'aubergiste, ces fatales initiales employées par le journaliste, ce voyage de Bath qui se trouvait à la fois dans le récit du jeune homme, dans la lettre de ma femme et dans l'article du journal. Ma tête brûlait, mon corps chancelait quand j'arrivai chez ma mère. Les caresses de mes enfans, que j'envoyai chercher, ne me touchèrent pas. Ma mère, à qui l'on avait appris l'état où se trouvait ma femme et mon départ précipité, était sortie. Je sus plus tard qu'elle s'était rendue chez moi ; mais dans le premier moment, son absence me surprit. Craint-elle, me dis-je, de retrouver un fils malheureux, et a-t-elle à se reprocher de n'avoir pas prévenu ma douleur par des conseils assez sévères et une surveillance assez attentive ? Hélas ! j'étais injuste, et j'oubliais que le premier mouvement d'une mère est de s'élancer chez un fils souffrant.

» Je m'étendis sur un sofa, et j'attendis avec angoisses. A l'instant où je me levais pour aller à sa recherche, ma mère entra, et quelques minutes après on annonça lord Barndale, père de Marie. Ma mère n'avait eu que le temps de prononcer ces paroles :

» — Je viens de chez vous : votre femme est partie dans une voiture de louage, sans dire où elle allait.

» Lord Barndale venait aussi de ma maison ; il y avait sur sa figure une expression de résolution et de douleur.

— » J'ai pensé, monsieur, me dit-il, à tout ce que

vous m'avez appris ; ne jouons pas notre bonheur et notre repos. Il peut y avoir erreur dans tout cela. Nous allons monter dans la même chaise de poste, et nous irons à l'instant trouver cette femme qui n'imposera pas à notre crédulité. Nous la paierons, mais pour nous faire des révélations complètes. Venez, monsieur.

» Ses mains se serraient convulsivement. Je pris mon chapeau. Nous partîmes, et pendant toute la route nous ne prononçâmes pas un mot. Nous arrivâmes le soir même de bonne heure à l'auberge. Quel fut mon étonnement ou plutôt mon indignation quand je vis Marie dans le parloir! Elle était donc venue s'assurer de la discrétion de l'hôtesse, et sa présence seule dans ce lieu était une preuve de sa faute.

» — Vous ici, madame, lui dis-je! comment y êtes-vous venue? pourquoi?... Qui vous a donc appris que je fusse venu ici avant vous?... N'espérez pas.....

» Elle m'interrompit en tirant vivement le cordon de la sonnette; l'hôtesse se présenta. Marie voulut parler, je lui imposai silence, et je dis à la maîtresse de l'hôtel :

» — Lady Osprey n'a-t-elle point passé une nuit dans votre auberge, dans le même lit que sir Ormond Mondeville ?

» L'hôtesse pâle hésita un moment.

» — Vous me l'avez dit, repris-je ; n'en êtes-vous pas convenue ?

» — Oui, monsieur.

» — Quel nom ? Répondez. Quel est le nom de cette femme ?

» — Vous venez de le prononcer.

» — Lady Osprey ?

» — Oui.

» — Je vais parler à madame, disait d'une voix entrecoupée Marie, qui, depuis son enfance sujette à des palpitations violentes, avait appuyé sa main sur son cœur et avait peine à prononcer ce peu de mots. Elle se leva en tremblant, et regardant l'hôtesse, elle lui dit :

» — Suis-je lady Osprey?

» L'hôtesse se tut quelques momens, parut incertaine, et dit enfin :

» — Non, madame.

» — Ces ruses ne me tromperont pas, Marie; c'est une adresse inutile. Combien avez-vous donné à cette femme? Sir Ormond Mondeville lui a donné cent guinées.

» Marie me regarda. Au nom de sir Ormond, l'hôtesse tressaillit, et je me tournai vers lord Barndale.

» — Croyez-vous, lui demandai-je, que l'on puisse

trop payer cette femme pour savoir d'elle la vérité?

» — Non certes, dit le père.

» Son énergie était vaincue.

» — Marie, disait-il, vous que j'ai élevée, vous que j'aimais! est-il possible? répondez, vous être livrée à cet homme!

» — Vous n'êtes pas convaincu? dit Marie; eh bien! voici ce que j'exige : allons à Bath. Faites ce que je désire; il faut que cette femme vienne avec nous. Et vous, mon père, prenez-moi sous votre protection.

» Elle avait l'air de souffrir beaucoup en parlant.

» — Faisons ce qu'elle demande, dit lord Barndale, nous déciderons après.

» L'aubergiste se refusait d'abord à nous accompagner mais Marie lui dit d'un ton impératif et avec une énergie qui m'étonna :

» — Il le faut !

« Le changement subit qui venait de s'opérer chez Marie me blessa. Était-ce donc cette femme si délicate et si faible qui prenait tout à coup une attitude arrogante, et un ton auquel la convenance semblait manquer ? Nous partîmes.

» Lord Barndale était avec sa fille dans une chaise de poste ; je me trouvais avec l'aubergiste dans une autre. Trois fois il fallut s'arrêter pour secourir Marie, dont les évanouissemens nous affligeaient ; l'hôtesse paraissait très-émue et à peu près incapable de répondre à mes questions.

» Lorsque nous descendions de voiture, Marie semblait affecter de ne faire aucune attention à moi. Je ne sais quelle résolution violente paraissait l'animer. Arrivée à Bath, elle fit dire au postillon de se diriger vers un hôtel de la rue Pultney qu'elle indiqua très-exactement. Quand nos voitures s'arrêtèrent, Marie descendit la première, frappa, dit au domestique de prier sa maîtresse de descendre un moment, et nous fit signe de la suivre. Nous étions tous debout dans le parloir de cette maison inconnue quand la dame du logis se présenta devant nous; à peine avait-elle mis le pied dans la chambre que l'hôtesse, s'avançant d'un pas et la regardant fixement, s'écria :

» — Voici lady Osprey !

» La dame pâlit, recula vers la porte et eut l'air de reconnaître l'aubergiste.

» — Vous vous trompez, lui dit-elle, je suis lady Heathstone.

» — Non, non, s'écria l'hôtesse avec beaucoup d'émotion et de violence, c'est vous qui m'avez dit votre nom, vous-même, cette nuit où vous êtes venue dans mon auberge avec lord Mondeville, et où je vous ai surprise! Cette jeune dame, ajouta-t-elle en montrant Marie qui se trouvait mal pendant cette explication, logeait aussi chez moi, et elle vous a vue; elle vous a même saluée le matin lorsque vous partîtes avec sir Mondeville.

» — Il y a ici quelque erreur, reprit lady Heathstone; que voulez-vous dire ?

»Je m'avançai vers lady Heathstone, en priant lord Barndale d'avoir soin de sa fille.

» — Sir Ormond, que j'ai eu le plaisir de voir à Messine, dis-je à cette dame, avait raison de faire l'éloge de votre politique et de votre adresse, cependant elles échouent aujourd'hui. Rendez son nom et son honneur à lady Osprey, madame.

» Elle se jeta sur le sofa, et couvrant son visage de ses mains, elle s'écria :

» — Quoi! vous l'avez vu à Messine?

» — Quittons cette femme, dit d'une voix sombre lord Barndale, qui ne pouvait parvenir à rendre à sa fille l'usage de ses sens.

» Nous la replaçâmes dans la chaise de poste, mourante, presque inanimée, incapable de ressentir la joie que devait lui causer son innocence, si hautement reconnue. Hélas! monsieur, que puis-je vous dire de plus, pendant deux mois elle languit; elle me pardonna et mourut d'un anévrisme au cœur, déterminé par tant de secousses et d'émotions.

» Le père indigné déclara qu'il ne me reverrait jamais. J'eus le malheur de perdre mes deux enfans. Je n'avais plus rien à faire au monde, monsieur, je revins en Sicile, où j'espérais trouver encore lord Mondeville, à qui je voulais demander vengeance de tous les maux que sa fatuité avait fait tomber sur moi, et de l'indigne supposition de nom qui avait flétri l'honneur de ma femme : il était parti pour les Indes avec une commission du gouvernement. Le père Anselme me facilita l'entrée de ce cloître, où je trouve un asile. Hélas ! tous les lieux me sont indifférens ! Une seule pensée de haine me reste, au milieu de tant de pensées douloureuses ! J'ai de l'aversion pour ces institutions sociales qui me condamnent au malheur. Ah ! le mariage, monsieur, le mariage ! posséder une femme, l'aimer, la croire à soi et trembler toujours ; et ne jamais savoir si un autre ne reçoit pas en pur don ce que la loi nous accorde et ce que le cœur peut nous refuser ; n'être jamais certain que les désirs et les vœux d'une épouse sont pour vous, sont à vous ; conserver pour un autre et élever pour les menus plaisirs d'un ami ces créatures si frêles, si délicates, que nous pouvons briser en les adorant, et que nous couvrons de nos hommages immérités, après les avoir accablées de nos injustices. »

TOBIAS GUARNERIUS.

TOBIAS GUARNERIUS.

Par une soirée bien brumeuse d'hiver, mon arrière-grand-père, retenu pour quelques affaires à Brême en Saxe, se promenait dans une petite rue écartée, derrière la cathédrale. Ce qu'il faisait là, vous le comprendrez de reste quand je vous aurai appris qu'il avait alors vingt ans, et qu'il est peu de villes en Allemagne où les grisettes soient plus gracieuses et plus agaçantes. Ceci soit dit sans altérer en rien la bonne opinion que par avance vous auriez pu prendre de son mérite. Mais depuis plus de vingt minutes l'heure du rendez-vous était sonnée à toutes les horloges, sans que celle qui l'avait donné eût songé à s'y rendre, et mon arrière-grand-père attendait toujours.

Le gouvernement représentatif nous a trop bien guéris, hélas! de ces merveilleuses patiences d'amour : bien admirable pour moi serait l'homme qui s'en rencontrerait encore capable aujourd'hui.

Pendant les longs tours et retours de sa faction, mon arrière-grand-père avait remarqué une petite boutique placée à l'angle de la rue qu'il arpentait. Aux deux côtés de la devanture, deux planchettes peintes en rouge et taillées en forme de violons indiquaient le commerce qui s'y faisait, ou, pour parler plus juste, le commerce qui ne s'y faisait point ; car, à moins que l'on ne compte pour quelque chose un mauvais basson pendu au mur, une contre-basse sans cordes, quelques archets et une quinte que le propriétaire du lieu était occupé à raccommoder, sa boutique était complétement dégarnie, et, nonobstant l'inscription placée au-dessus de la porte, ressemblait plutôt à un corps-degarde de milice bourgeoise qu'à un *magasin d'instrumens à cordes et à vent*.

Une mauvaise chandelle, haletant sous une mèche effroyablement longue, qui lui faisait jeter des lueurs sinistres, éclairait à peine l'homme qui travaillait dans cette misérable échoppe. Il ne paraissait pas d'ailleurs tenir autrement à la perfection de l'ouvrage dont il s'occupait, car, de trois minutes en trois minutes, il se levait, laissait là sa quinte, et se promenait à grands pas, avec un regard fixe et des gestes brusques et précipités, indiquant un homme qu'une pensée profonde était venue visiter.

Moitié curiosité, moitié pour échapper à une neige abondante qui était venue compliquer son rendez-vous, mon arrière-grand-père, qui n'avait pu encore se décider à quitter la place, entre dans la boutique du luthier, et bien que de sa vie il n'eût su une note de musique, il le prie de lui montrer des violons à acheter.

« Des violons! répondit brusquement le luthier, vous voyez bien que je n'en ai pas et que je n'en vends pas, à moins que vous ne vouliez vous arranger de cette contre-basse, que j'ai été forcé de prendre en paiement pour les raccommodages que j'ai faits pendant plus d'un trimestre aux instrumens de l'orchestre des *Chiens savans*, qui ont eu dans cette ville un si grand succès, et qui ont travaillé devant MM. les membres du grand-conseil. La voulez-vous, ma contre-basse? je vous la laisse pour dix écus; pour cinquante livres, tenez, sans plus marchander. »

Mon arrière-grand-père eût été un million de fois plus musicien qu'il n'était réellement, il eût eu encore une peine infinie à se prêter à l'arrangement qu'on lui proposait, lequel consistait à s'accommoder d'une contre-basse lorsqu'il était censé avoir besoin d'un violon.

S'étant permis de faire, avec une grande force de logique, cette observation à l'honnête luthier, il en reçut je ne sais quelle repartie si étrange qu'il lui vint aussitôt à l'esprit qu'il avait affaire à une manière de monomane. La chose lui fut prouvée quand en sa présence ce singulier personnage recommença à se promener et à gesticuler, et quand une vieille femme, ouvrant la porte de l'arrière-boutique, lui fit signe en haussant les épaules que la tête du pauvre homme n'y était plus.

Mon arrière-grand-père sortit alors de chez le luthier, et le lendemain il partit de la ville, sans s'être autrement occupé de lui.

Trois ans après, durant un nouveau séjour qu'il fit à Brême, ayant eu occasion de repasser dans la même rue, il remarqua que la boutique du luthier était fermée ; sur les volets, qui en plus d'un endroit portaient des traces d'effraction, de grandes croix rouges avaient été tracées. Cette circonstance ayant attiré son attention, le soir, à souper, il en parla à son hôte, qui était l'un des magistrats de haute police de la ville, et lui raconta, sans dire toutefois son rendez-vous manqué, l'étrange accueil qu'il avait reçu dans cette même boutique, trois ans auparavant. A son tour, le magistrat lui conta l'histoire que l'on va lire.

L'homme auquel vous avez eu affaire, lui dit-il, s'appelait Tobias Guarnerius ; à grande peine il faisait vivre de son travail la vieille femme que vous avez vue : c'était sa mère, avec laquelle il vivait depuis la mort de sa femme.

Comme il était dans la ville le seul ouvrier de son état, et qu'elle contient un nombre assez considérable d'artistes et d'amateurs, qui sans cesse lui donnaient des instrumens à réparer, il aurait pu, ce semble, vivre passablement à l'aise. Mais dix ans environ avant l'époque dont nous parlons, une insigne calamité était venue le visiter. Un beau matin il s'était trouvé en proie à une idée fixe, et depuis ce temps il n'avait cessé de la poursuivre, quelque sacrifice qu'elle lui eût coûté.

Sa femme, qui était morte en partie du chagrin qu'elle avait eu à le voir dissiper ainsi tout le fruit de son travail, avait eu beau lui représenter la folie de sa persévérance, le conjurer de ne pas la réduire à la misère, il n'en avait tenu compte. D'abord ses économies, plus tard l'argent de quelques emprunts qu'il avait faits, ensuite ses meubles, ses marchandises, une partie de sa garde-robe, étaient venus se perdre dans ce gouffre qui s'était ouvert à côté de lui, sans que tant d'inutiles essais fussent parvenus à l'éclairer. A l'époque où, faute d'argent, il avait été forcé de mettre un terme à ses expériences, il n'en avait pas moins conservé l'espérance de réaliser sa pensée, qui tôt ou tard devait, selon lui, le mener à une grande gloire, et le récompenser largement de toutes ses avances.

Il est, au reste, vrai de dire que s'il fût arrivé au but qu'il se proposait, il eût réellement mis la main sur une excellente spéculation. Ayant en sa possession un violon de Stradivarius, dont quelques amateurs, à plusieurs reprises, lui avaient offert un haut prix, l'idée lui était venue d'imiter le faire de cet auteur. Il avait pensé qu'en reproduisant avec une rigueur mathématique les formes et les dimensions de ses instrumens, en employant un bois semblable à celui qui avait servi à les établir, en arrivant à imiter rigoureusement le vernis et la couleur dont ils avaient été primitivement enduits, il parviendrait à se procurer une qualité de son exactement pareil. Malgré tous les soins qu'il mettait à ses contre-façons, toujours il s'y rencontrait une légère différence avec le modèle; or des nuances infiniment subtiles constituant, selon toute apparence, la supériorité qui faisait son désespoir, il pensait pouvoir logiquement expliquer l'infériorité de ses copies par les imperfections presque insaisissables qu'il y découvrait, en sorte que l'œuvre était toujours à reprendre; c'était une manière de cercle vicieux tournant à l'infini, dans lequel une fortune de prince se fût elle-même engouffrée.

Après bien des essais, cependant, une modification s'était faite dans son idée primitive ; il était un jour arrivé si près d'une imitation irréprochable, et ce jour-là précisément l'instrument sorti de ses mains s'était trouvé si loin au-dessous de son stradivarius, qu'il avait fini par soupçonner dans la création de ce chef-d'œuvre un élément d'une nature supérieure et non encore sollicité par lui. « — Qui sait, disait-il fort gravement à un physicien qui prétendait le faire arriver à la solution de son problème instrumental par des applications nouvelles de la théorie du son, qui sait plutôt si ce n'est pas hors du monde matériel que je dois chercher. Les mots représentent des idées, n'est-il pas vrai ? eh bien ! quand je dis l'ame de mon violon, peut-être, sans y songer, frappé-je à la porte que je cherche depuis si long-temps. Que vous en semble, monsieur ? » Et le physicien de se mettre à rire, et le pauvre Tobias Guarnerius de s'enfoncer plus profondément dans l'abîme de ses recherches.

Un jour une de ses pratiques venant lui apporter un archet à réparer laissa chez lui un livre que pendant plusieurs jours elle oublia de venir reprendre. A ses heures de loisir, lesquelles étaient rares, car lorsqu'il ne travaillait pas de ses mains il travaillait de sa pauvre tête, qui ne reposait guère, Tobias Guarnerius parcourut ce livre : c'était un de ces respectables monumens de la patience et de l'érudition germaniques, où l'auteur vous annonce, sans y mettre d'ailleurs autrement de prétentions, qu'il traitera *de omni re scibili* et de quelques autres sujets. En effet on y voyait, à côté d'un chapitre *sur la meilleure forme de gouvernement*, un chapitre *sur la manière de gratter le dos de sa femme quand il la démange*; une *recette pour faire du vin de Chypre* était suivie d'une *dissertation sur la virginité des onze mille vierges*, et d'un *discours sur les avantages de la calvitie*; un ton de bonhomie singulière avait présidé à la rédaction de cet ouvrage informe, et donnait à sa lecture un charme particulier, qui avait fini par dominer notre monomane jusqu'à détourner de lui pendant une demi-journée l'obsession de sa pensée ordinaire.

Tout-à-coup, au détour d'une page, un chapitre se présente à lui avec ce titre : *De la Transfusion des ames*. A la lecture de ces mots, comme s'il eût soudain entrevu que la révélation du grand secret qu'il cherchait depuis si long-temps allait lui être faite, il sauta d'un bond prodigieux, appela sa mère, qu'il chargea de garder la boutique, et de dire, si on venait le demander, qu'il était sorti ; puis courant s'enfermer dans sa chambre, pour ne pas être interrompu, il commença la lecture du chapitre qui, dans sa pensée, ne pouvait manquer d'être le plus merveilleux que jamais plume de philosophe eût enfanté.

Ce n'est pas seulement dans les livres, c'est dans toutes les choses de la vie, dans ses amitiés, dans ses espérances dans les prospectus, dans les amours de femme surtout qu'il faut craindre des désappointemens semblables à celui qui attendait Tobias Guarnerius. Le chapitre, dont un instant avant il eût payé la lecture au prix d'une livre de sa chair, était une misérable rapsodie, lardée de citations des Pères de l'église, d'Aristote, de Platon et de l'Écriture. Après force divagations, abstractions et conversations, l'auteur se résumait à cette découverte toute nouvelle, que l'ame était immortelle : sans contredit les vingt pages les plus pauvres de cet immense in-folio étaient comprises sous le titre si magnifique que je vous ai dit.

Mais l'heure de Tobias Guarnerius n'en était pas moins venue; étreignant avec une singulière puissance les trois mots qui tout à coup lui étaient apparus, pour en faire jaillir un sens logique aux *entrevisions* qu'il avait eues précédemment, il commença à se représenter l'ame humaine comme une substance locomobile, transportable, avec sa puissance d'animation, d'un lieu dans un autre. En Allemagne, où il y a de la philosophie dans l'air, un artisan, tout aussi bien qu'en France un prix d'honneur de rhétorique, avait entendu parler de la métempsycose; et ce système, pour peu que l'on pesât dessus, pouvait bien s'élargir jusqu'à admettre la donnée du philosophe luthier. Trois heures de réflexions passant par-dessus cette illumination achevèrent de lui donner dans l'esprit de Tobias une créance indélébile, et désormais il ne s'occupa plus que du procédé matériel à l'aide duquel il appliquerait à son art le bénéfice de sa découverte psycologique.

A trois mois de là, c'était durant la nuit, la veille de la Saint-Joseph, depuis long-temps une heure était sonnée à toutes les horloges, et la ville de Brême tout entière reposait dans le sommeil ; l'atelier de Tobias Guarnerius était soigneusement fermé ; et de peur qu'en passant on ne pût voir par les fentes des volets la lumière qui brillait dans son arrière-boutique, il avait eu soin d'étendre devant la porte vitrée qui communiquait de cette pièce à son magasin un épais rideau de serge verte replié deux fois sur lui-même.

Certes, ces précautions n'étaient point inutiles, car c'était une œuvre étrange que celle à laquelle le luthier s'occupait.

Dans le grand lit de damas rouge sur lequel, il y avait bientôt quarante ans, elle l'avait mis au monde, sa vieille mère Brigitta Guarnerius, en proie aux angoisses de l'agonie, achevait de mourir d'un cancer qui la minait depuis long-temps. Penché sur sa poitrine, qui râlait d'une manière horrible, sans qu'une larme brillât dans ses yeux, sans qu'un seul des muscles de son visage exprimât la moindre sympathie pour les atroces souffrances dont il était témoin, Tobias paraissait plongé dans le pressentiment d'un moment solennel et fatal, dont l'attente absorbait toutes ses facultés. Sans doute, en vue de quelque produit étrange à recueillir, un appareil bizarre, que n'avait ni décrit ni prévu aucune science humaine, mettait en rapport le lit de l'agonisante et une table sur laquelle reposait un instrument inachevé. Un tube, qui paraissait formé de l'alliage de plusieurs métaux, s'évasant par le bout en forme d'entonnoir, avait été placé au-devant de la bouche de la vieille femme, et recevait le souffle de son haleine qui, à chaque expiration, s'y engouffrait avec un bruit lugubre. A l'autre extrémité, ce tube s'emboîtait à une cheville de bois, pareille à celle qui se place debout entre le fond et la table de tous les instrumens à chevalet; seulement celle-ci était d'un diamètre un peu supérieur au diamètre ordinaire, et au lieu d'être en bois plein, elle était creuse et devait se fermer hermétiquement, au moyen d'un petit couvercle à vis merveilleusement travaillé, lorsque l'embouchure du tube viendrait à en être retirée. Précisément au-dessus du point de jonction provisoire du bois et du métal, et comme pour empêcher l'évaporation au moment où se ferait leur séparation, avait été disposée une manière de boîte ou de guérite en bois de sapin; les planches, humides et vermoulues, exhalaient une odeur terreuse et nauséabonde, et un grand clou rouillé, pendant encore après, indiquait qu'elles avaient dû antérieurement faire partie d'un objet de plus grande dimension.

A une heure cinquante-deux minutes et quelques secondes, la respiration de la malade s'étant arrêtée, son pouls et son cœur ayant cessé de battre, tout à coup on entendit dans le tube, qui fut agité comme par un mouvement galvanique, un long soupir, suivi d'un frémissement qui courut tout le long du métal, et vint bondir au fond de l'étui qui y adhérait. A ce bruit, Tobias Guarnerius se précipita; les yeux égarés et la poitrine haletante, il repoussa le tube conducteur, et d'une main forcenée, malgré une force incroyable de résistance qui répondait à sa pression, malgré une sorte de crépitation douloureuse et plaintive qui s'agitait sous ses doigts, il vissa le couvercle à l'extrémité de la cheville. Maintenant il faut vous le dire, quoique jamais la preuve matérielle de cette monstruosité n'ait été acquise, il paraît que ce que Tobias Guarnerius venait d'enfermer dans ce bois creux, c'était l'ame de sa mère, la première qui se fût trouvée pour réaliser son abominable découverte.

Au moment où avait été rompu le lien par lequel

elle était unie à l'enveloppe mortelle qui venait de finir son temps, l'ame s'était élancée pour retourner en haut; forcée de suivre l'étroit conduit qui la cernait à sa sortie, elle avait couru pleine de détresse jusqu'au fond de l'espace qu'elle avait devant elle : elle se fût sans doute évadée dans le peu de temps que son bourreau avait mis à fermer sur elle le couvercle; mais une effroyable industrie avait tout prévu. Les planches de sapin qui ombrageaient l'espace sur lequel s'accomplissait l'odieux mystère étaient les planches d'un cercueil fraîchement enlevé à la terre du cimetière. Quand l'ame s'était pressée pour sortir, elle avait eu horreur de cette atmosphère de mort qu'il lui fallait traverser, et elle s'était retirée en arrière; alors Tobias était venu et il l'avait scellée dans sa prison, et il la tenait là pour s'en servir à ses volontés.

Il ne faut pas croire pourtant que ces épouvantables audaces puissent s'exécuter sans qu'il en coûte quelque chose à leurs auteurs; car au moment où tout avait été accompli, Tobias était tombé à la renverse, frappé comme d'une puissante commotion électrique, et il était resté étendu à terre, sans connaissance, plusieurs heures encore après que le soleil se fût levé.

Au moment où il se réveilla de ce long évanouissement, il commença par sentir une vive fatigue dans tous ses membres, comme s'il avait fait une longue route; puis il eut grand'peine à recueillir ses idées, afin de se rendre compte de ce qui lui était arrivé. A la fin cependant un souvenir lucide de toutes les choses de la nuit se dessina devant lui. La main agitée d'un tremblement qui ne le quitta plus, il s'approcha du lit, où le corps de sa mère était déjà froid et raidi. Il abaissa la paupière de ses yeux, en ayant soin que leur regard fixe ne rencontrât pas le sien; puis, ayant couvert le visage, il eut peur; car il lui sembla que l'angle facial qui se dessinait sous le drap blanc avait un air de reproche et le menaçait.

Depuis deux semaines environ, les restes mortels de Brigitta avaient été déposés dans la tombe, et même il s'était passé d'étranges choses lors de son enterrement; car à chaque fois que, dans les prières, le prêtre avait eu à parler de l'ame de la défunte, les cierges qui brûlaient autour du corps s'étaient éteints d'eux-mêmes; et bien des choses s'étaient dites touchant cette circonstance et plusieurs autres que l'on racontait. Témoin de ce phénomène, et tourmenté, dans son ame, par le remords, bien que la joie d'avoir réalisé la pensée de toute sa vie fût encore la plus forte, Tobias n'avait pas encore osé faire l'essai de l'instrument qu'il avait achevé, et pourtant une merveilleuse harmonie y était cachée ; car lorsque l'air seulement venait à passer dessus, des soupirs d'une incroyable douceur s'en exhalaient. Le bruit à la fin commença à se répandre que Tobias avait découvert son grand secret ; et chaque jour tout ce qu'il y avait de musiciens dans la ville venait savoir, les uns pour se rire du rêveur, les autres avec une curiosité plus sérieuse, à quand l'audition du violon-miracle, et Tobias reculait toujours, sous prétexte que son œuvre n'était point finie.

Il advint pourtant que l'héritier présomptif d'une petite principauté de l'Allemagne passa par la ville. La Providence, qui apparemment avait eu ses raisons pour cet arrangement, le destinant à régner un jour, lui avait donné toutes les qualités requises pour être un excellent violon solo. Sa réputation de virtuose s'était répandue dans toute l'Europe, à peu près comme la renommée militaire du grand Frédéric, et il ne s'arrêtait guère en un pays qu'on n'organisât pour lui un concert, où souvent il ne dédaignait pas de se faire entendre. Le gouverneur de Brême, ayant toute raison de vouloir être agréable à l'illustre exécutant, se hâta de préparer une soirée musicale, et il ne laissa pas ignorer à Tobias Guarnerius qu'il lui serait agréable d'y voir faire l'essai de son invention.

Au moment où ce désir lui fut intimé, Tobias commençait à entrer en composition avec sa conscience. L'impression de terreur qu'il avait subie à la suite de son larcin, comme le souvenir de toutes les autres émotions humaines, s'effaçait peu à peu sous les jours qui passaient. D'étranges raisonnemens étaient ensuite venus à son secours. « On ne sait jamais, se disait-il, avec cette jurisprudence céleste, qui vous absout *in extremis* pour un bon sentiment, qui vous punit pour une pensée mauvaise, ni qui sera condamné ni qui sera sauvé. Ma mère Brigitta eut à nos yeux une vie honnête : en est-il de même pour le jugement d'en haut; et qui peut assurer qu'en la retenant ici-bas je ne lui sauve pas plusieurs jours de l'éternité des douleurs? D'ailleurs je suis bon fils, ajoutait-il avec une sublime sophistiquerie digne d'un avocat de nos jours. D'autres conservent précieusement les ossemens de leurs proches ; moi je conserve l'ame de ma mère ; moi je ne veux pas m'en séparer. N'y a-t-il pas entre le double mérite de nos piétés filiales tout l'intervalle qui sépare l'esprit de la matière? » Avec ces pensées, qu'il habillait des plus belles paroles qu'il pouvait, il parvenait à émousser son remords.

Quand fut venu le soir où devait avoir lieu la grande épreuve, Tobias fut tout à coup saisi d'une autre inquiétude. La préoccupation de l'artiste dominant toute autre pensée, il eut des doutes sur la sincérité des résultats que devait lui donner son expérience. L'ame avait-elle, en effet, été transfusée? Par une évaporation subtile, en supposant qu'elle eût un instant séjourné là où il l'avait retenue, n'avait-elle point pu s'échapper pour obéir à la loi céleste d'attraction qui la rappelait? Et alors voyez un peu la belle confusion, si, en présence de toute la ville assemblée, sa création surhumaine allait tout à coup se résumer en quelque misérable instrument, criard comme ceux que tant de fois déjà il avait réalisés. Il n'y avait dans cette appréhension rien que de raisonnable, et plutôt que de s'exposer à un si mortel désappointement, surmontant enfin la religieuse terreur qui jusque là l'avait empêché d'interroger son œuvre, il l'eût essayée de ses mains s'il l'eût eue à sa disposition ; mais, en homme qui savait son monde, il l'avait, dans la journée, envoyée à l'hôtel du gouvernement, enfermée dans un riche étui, dont il avait gardé la clef. Le sort en était donc jeté, et il n'y avait plus à revenir sur ses pas ; dans un quart d'heure il aurait effacé la gloire de Stradivarius et celle de tous les maîtres de l'art, ou il serait devenu l'objet d'une inexorable dérision. Après tout, ce sont là, à vrai dire, les deux termes du marché auquel se soumet quiconque dans cette vie essaie de penser ou de vouloir de la première main.

A l'heure où tous les convives du grand banquet musical furent rassemblés, Tobias Guarnerius fut introduit dans le salon du gouverneur, où, pour cette fois, il avait entrée. L'aspect général de sa toilette presque antédiluvienne, et accusant un délabrement de vieille date, malgré tous les soins extraordinaires qu'il y avait donnés, quelque chose de gauche et d'endimanché répandu dans toute l'habitude de son corps faisait de lui un personnage assez burlesque. Toutefois, au moment où on le vit assis dans un coin, le visage empreint d'une pâleur mortelle, l'œil fixe et plongeant avec une indicible anxiété sur le virtuose qui, pour la première fois, allait donner une voix à sa création, il ne parut plus grotesque à personne, et chacun eut peur et fut ému avec lui.

Il faudrait avoir des paroles exprès, pour faire comprendre l'étrange impression dont fut agitée l'assistance quand l'archet venant à mettre la corde en vibration, l'ame prisonnière commença à être tourmentée d'une affreuse souffrance et à se lamenter misérablement ; plusieurs ont assuré que, dès les premières notes, il leur avait semblé qu'ils étaient soulevés de terre et qu'ils demeuraient suspendus dans l'espace au milieu d'une angoisse indéfinissable, pour d'autres, la perception du son fut si vive et si pénétrante qu'ils crurent en subir le contact immédiat sur leurs nerfs, dont un moment ils eurent le sentiment distinct et absolu, comme si la chair se fût retirée et les eût laissés à nu. Mais ce qu'aucune parole humaine ne saurait peindre, c'est l'ineffable sympathie de toutes ces ames reconnaissant, quoique sans pouvoir se rendre compte du prestige, la voix d'une ame qui appelait à elle, et à ses accens douloureux se plongeant avec elle jusqu'aux larmes, dans un abîme de tristesse inconsolable. Ni la douleur de la mère pleurant sur son premier né, ni celle de l'amante au premier soir de son délaissement, ni celle de l'artiste s'éteignant avant son œuvre achevée, ne peuvent donner une idée de la plainte amère de cette fille du ciel traîtreusement retenue au-delà de son temps, et demandant à se replonger dans le repos de l'infini. Personne, pas même l'homme qui conduisait l'archet sur la corde, n'aurait pu se rappeler une seule note de l'air que le violon de Tobias Guarnerius avait joué; personne n'aurait pu dire si ce qu'il avait entendu était un chant mélodieux ou quelque merveilleuse histoire racontée par un poëte sublime, et où aurait été résumé avec un art admirable le tableau de toutes les souffrances, de toutes les anxiétés, de toutes les tristesses de la vie, depuis le vague de la mélancolie qui regrette et désire sans but, jusqu'aux plus positifs et aux plus cruels mécomptes; mais personne aussi n'aurait pu dire qu'en aucun temps et en aucun lieu de la terre, une harmonie aussi profondément émouvante fût parvenue à son oreille.

Aussitôt que le chant eut cessé, et quand chaque auditeur fut revenu de l'espèce d'extase et de contemplation intérieure dans laquelle il avait été plongé, les regards se tournèrent vers Tobias Guarnerius. A ce moment, l'artiste en lui dominait tellement l'homme, qu'il n'avait point entendu ce cri de douleur qui avait retenti dans le cœur de tous les assistans, et qui aurait dû si profondément l'émouvoir; car pour lui ce n'était point seulement une plainte, mais un atroce reproche; il n'avait perçu que des sons d'une merveilleuse harmonie, supérieurs à tout ce que les maîtres de son art avaient jamais réalisés; et en voyant enfin le problème de toute sa vie résolu, il s'était laissé tomber à genoux, les mains jointes et étendues vers le ciel, et des larmes coulaient sur son visage, rayonnant d'une expression de joie indicible. Ce ne fut qu'au bout de quelques minutes qu'il aperçut le prince allemand le secouant vivement par le bras pour le réveiller de son *à parte* de bonheur, et lui demandant s'il voulait lui donner son violon pour 1,000 écus.

« Mon violon! pour 1,000 écus? répondit-il en regardant le prince avec un rire qui n'annonçait pas un homme dans son bon sens, c'est-à-dire que vous mettez un prix à ce qui n'était pas et à ce qui existe; vous achetez la création, monsieur, à ce que je vois ! Combien payeriez-vous le soleil, s'il vous plaît, à supposer qu'un beau matin on le mît dans le commerce ? »

Que signifiaient ces orgueilleuses paroles du pauvre luthier ? Sa piété filiale s'indignait-elle du marché qu'on lui proposait, ou son amour-propre d'auteur se révoltait-il de la mesquine estimation faite de son œuvre ? L'acquéreur interpréta l'apostrophe dans ce sens, et il donna aussitôt la somme; mais Tobias répondit de nouveau que son violon n'était pas à vendre, que sa gloire était désormais immortelle (comme celle de tous les poètes de nos jours apparemment) et que cela lui suffisait. Malheureusement pour lui, il avait à faire à un vouloir de prince qui ne s'étonnait pas facilement des obstacles. Tirant de sa poche un portefeuille qui pouvait bien contenir 12,000 livres en billets de banque, lesquels furent étalés sur une table, plus une bourse pleine d'or, pour le moins aussi bien garnie que celle des séducteurs de comédie : « Pour ceci votre violon ! » s'écria le royal dilettante. A la vue de ces richesses, l'orgueil du pauvre Tobias, qui, de sa vie peut-être, n'avait possédé bien ronde une somme de 1,000 livres, sa piété filiale, ses prétentions marchandes, tout ce qui le retenait, en un mot, lâcha pied brusquement : de l'œil il compta les billets épars sur la table, fit une rapide et amiable estimation du contenu de la bourse ; puis, avec l'air d'un homme qui voudrait qu'on le crût en proie à une insupportable contrainte. « Puisque vous le voulez, dit-il, j'accepte le marché, je vous donne même (sublime magnificence) l'étui et sa clef par-dessus le marché. Seulement prenez bien garde que je ne réponds pas de ma marchandise ; si vous n'en avez pas soin, et que quelque chose se dérange, je ne me charge point des réparations. » Le prince avait une envie si profondément éveillée qu'il ne lui parut pas même possible que jamais la chance d'une avarie pût se présenter. Faisant aussitôt mettre son acquisition dans la boîte qui lui avait été si généreusement super-octroyée, il ordonna à son valet de chambre de la porter en son logis : presqu'aussitôt il faussa compagnie au gouverneur et à son monde pour aller se mettre en jouissance, et pendant la nuit entière qui suivit, il n'y eut pas à cinquante toises à la ronde un voisin qui pût fermer l'œil, tant fut bruyante et prolongée la prise de possession.

Quant à Tobias, pendant une partie de la nuit il ne cessa de se redire à lui-même ce qu'il avait déjà proclamé dans le salon du gouverneur, à savoir que sa gloire était immortelle. Pendant une autre portion du temps, il se roula avec délices dans cette pensée qu'il était riche. 15,000 et quelques cents livres, tout bien compté; c'était sa fortune, il pensa que cela faisait beaucoup. Pour mieux s'en assurer, il promena son esprit à travers toutes les fractions dans lesquelles ce chiffre était divisible; il compta une à une ses pièces d'or, et comme il avait éteint sa lampe et qu'il ne pouvait plus les voir, il se plaisait à les rouler dans ses doigts, à en sentir le coin, et ensuite il les ramassait dans sa bourse, afin de les peser et de les tenir toutes ensemble dans sa main; cela le mena jusque vers les trois heures du matin : à ce moment il s'endormit.

Le lendemain, il se réveilla de bonne heure, et en se réveillant il fut comme un homme qui la veille ayant été pris du sommeil au milieu des pensées joyeuses du vin et de l'ivresse, se retrouve le matin la tête pesante, l'esprit lourd et fatigué et le cœur mal content. Une idée commença à l'obséder; non-seulement il avait dérobé, non-seulement il avait retenu prisonnière, mais encore il avait vendu l'ame de sa mère. A toutes les heures où cela lui plairait, un homme qui avait payé pour cela pourrait la réveiller, la forcer de chanter; cet homme pourrait la revendre à un autre; lorsqu'il voyagerait il l'emmènerait avec lui, et, comme dit le premier psaume des vêpres, il pourrait en faire *l'escabelle de ses pieds*. Tandis qu'il se débattait dans cette pensée poignante, quelqu'un entra dans sa boutique : c'était l'un des domestiques du gouverneur qu'il connaissait bien, car autrefois cet homme, dans sa jeunesse, avait été le fiancé de la vieille Brigitta, et il l'aurait épousée s'il ne fût parti pour la guerre. Quand bien des années après il était revenu et l'avait trouvée mariée, il n'en avait pas moins continué à l'aimer d'amitié, et le mari de Brigitta lui-même, qui avait bonne confiance en sa femme, l'avait engagé à venir les voir quand il le voudrait; en sorte qu'il avait fait sauter plus d'une fois Tobias sur ses genoux. La veille au soir, de l'antichambre il avait entendu le violon dans lequel soupirait l'ame de Brigitta, et il avait aussitôt reconnu sa voix, car les souvenirs d'amour, si vieux que soient les os d'un homme, ne se perdent pas dans sa mémoire, et c'était ainsi que Brigitta s'était lamentée à un jour de sa vie qu'il n'avait jamais oublié, celui de leurs adieux. D'avoir ainsi cru entendre l'ame de sa maîtresse l'avait jeté durant la nuit dans des perplexités incroyables, et dès le matin il venait demander à Tobias Guarnerius de lui expliquer comment cela avait pu se faire. Aux premiers mots que lui en dit le vieillard, Tobias se troubla, balbutia quelques paroles embarrassées : à la fin pourtant il se remit et il essaya de tourner la chose en plaisanterie; mais l'amant de Brigitta ne fut pas sa dupe, et il s'éloigna en hochant la tête, en disant entre ses dents qu'il y avait là-dessous quelque méchant mystère.

Si Tobias souffrait déjà cruellement de sa faute, au moment où il la croyait entre le ciel et lui, ce fut bien autre chose quand il entrevit la pensée d'autrui sur la trace de son crime, et quand il put redouter que ce larcin ne devînt une affaire de justice humaine. Pendant quelques heures encore il lutta contre ses craintes et ses remords, mais à la fin, dominé par eux, il prit avec lui le prix qu'il avait reçu la veille, et courut chez l'acquéreur, pour le prier de revenir sur le marché, son intention étant, dès que le violon serait rentré dans ses mains, de rompre le charme, et de rendre l'ame à sa liberté. Mais les hommes, qui ont toute commodité pour se jeter dans les voies du mal, n'ont pas de même la route facile quand ils veulent revenir sur leurs pas. Le prince était parti avant le jour, et au moment où Tobias frappait à sa porte, il était déjà bien loin. Décidé qu'il était à ne pas porter plus long-temps volontairement le poids de sa faute, Tobias n'hésita pas, il courut fermer sa boutique, alla hors de la ville attendre la voiture publique, et se jeta dedans pour se rendre à la résidence du prince. Mais, quand il fut arrivé, deux jours se passèrent avant qu'il pût approcher de son altesse; et, au moment où l'abord lui fut permis, quelqu'un lui apprit que le violon avait déjà changé de main. Le prince n'avait pu en jouer plus de huit jours sans que tout le système nerveux ne devînt, chez lui, en proie à une insupportable irritation. Son médecin, consulté, avait déclaré que le son pénétrant de l'instrument dont il avait fait nouvellement l'acquisition était la cause de cet accident, et dans la journée, comme on fait d'un cheval vicieux, le prince avait vendu le violon à un artiste italien qui allait faire son tour d'Europe, et qui comptait donner des concerts à Paris.

Aussitôt Tobias se remit en route ; en arrivant dans la capitale de la France, sans se mettre en peine des merveilles de civilisation qu'elle renferme, et qu'à une autre époque il eût explorées avec un si vif empressement, il n'eut qu'une préoccupation, celle de savoir l'adresse del signor Ballondini. Il l'apprit sans beaucoup de peine, car, grâce à son violon, el signor Ballondini s'était fait, dès son premier concert, une réputation colossale, et toutes les feuilles publiques ne parlaient que de son talent et de la merveilleuse qualité de son qu'il tirait de son instrument.

Tobias eut bien un instant la volonté de se mettre en colère contre le virtuose italien, qui prenait pour lui toute la gloire, quand le luthier en avait une si bonne part à revendiquer ; mais il pensa que son amour-propre devait boire ce calice, en expiation de sa faute, et s'imposa l'obligation de ne point se plaindre de ce qu'on lui dérobait, trop heureux s'il pouvait rentrer en possession de sa fatale création. Aussitôt qu'il sut où demeurait le signor Ballondini, afin de le joindre plus vite, il monta dans un fiacre, en sorte qu'il arriva à son logement un quart d'heure après son départ pour l'Italie, où le signor Ballondini allait encore donner des concerts. Tobias Guarnerius le suivit.

On ne finirait pas si on voulait raconter tous les lieux et toutes les mains par lesquelles passa le fatal violon. Jamais les nerfs les plus robustes ne purent le garder au-delà de quinze jours; et cependant, aussitôt qu'un acquéreur songeait à s'en défaire, un autre se trouvait pour lui succéder, sans que l'instrument perdît de son prix. Pendant plus de deux ans, le malheureux Tobias le poursuivit en Italie, en Angleterre, aux Indes orientales où il passa, en Espagne, et enfin en Allemagne, où il revint, en traversant de nouveau la France.

Après des fatigues inouies, Tobias Guarnerius arriva à Leipzig, où il avait appris qu'un riche libraire en était détenteur. Cette fois il ne venait pas trop tard, et l'instrument était bien entre les mains de l'homme qu'on lui avait indiqué. Mais, depuis le temps qu'il voyageait, quelque rigoureuse économie qu'il eût mise dans ses dépenses, il n'en avait pas moins épuisé sa bourse, et au moment de traiter d'un objet dont le cours s'était constamment maintenu entre douze et quinze mille livres, il lui restait à peine quelques louis par devers lui. Il tint alors conseil avec lui-même, et, toutes choses considérées, ayant cru reconnaître que de tous les larcins que pouvait commettre un homme, celui d'une ame était, sans contredit, le plus odieux; étant en outre prouvé pour lui que la seule manière qui fût en son pouvoir de réparer son crime, c'était d'en commettre, dans un ordre inférieur, un second; avec l'argent qui lui restait, il tenta la fidélité d'un domestique, et obtint de lui d'être introduit, durant la nuit, dans la maison du libraire, afin de lui dérober le violon.

Mais la malédiction avait frappé tellement à plein sur le misérable, que même une mauvaise pensée ne lui réussissait pas. Le domestique qui avait reçu son argent se trouva être un honnête fripon, qui, ayant calculé le bénéfice qu'il y avait à recevoir le prix d'une méchante action et à ne pas la commettre, le dénonça à son maître. Pris en flagrant délit, au moment où il venait de commettre son vol, Tobias fut jeté en prison, et se vit menacé de voir couronner toutes ses tribulations par un arrêt infamant. L'effroi de cet avenir acheva de compléter chez lui un mal que d'abord la violence de ses désirs long-temps trompés et éconduits, et durant ces dernières années les agitations inquiètes de sa vie, avaient lentement développé. Atteint d'un anévrisme au cœur, il fut transporté à l'hôpital.

Là, minute à minute il se sentait mourir, et la médecine, qui le traitait cavalièrement parce que, de toute façon, elle n'attendait rien de lui, ne lui avait pas laissé ignoré qu'elle ne pouvait rien pour sa guérison. Ceci pouvait bien lui donner l'espérance d'échapper aux atteintes de la justice humaine, mais le menait droit aux mains de la justice divine, avec laquelle il sentait bien qu'il aurait un long compte à régler, et cependant il n'osait demander des consolations et des espérances au sacrement de la pénitence, effrayé qu'il était de la monstruosité de l'aveu qu'il aurait à faire à son tribunal.

Un jour, c'était par une belle matinée d'automne, un rayon de soleil était venu se reposer sur son lit, dont il ne sortait plus, et donnait à tout ce qui l'entourait un air de fête; un vent frais balançait la verdure des arbres sous sa fenêtre, et les oiseaux chantaient joyeusement dans le feuillage; il y avait dans l'air tant de repos et de bonheur que vous eussiez juré que par un si beau jour on ne pouvait mourir. L'aspect de cette nature en joie avait élevé son esprit vers le Créateur, et son cœur s'était tourné avec amour vers l'espérance de l'infinie miséricorde. Dans cet instant il se sentit quelque courage pour confier son secret à un prêtre, afin d'obtenir l'absolution ; et, sur sa demande, l'aumônier de l'hôpital vint pour recevoir sa confession. Elle fut longue cette confession, parce qu'il lui semblait que son aveu, étendu en beaucoup de paroles, lui coûterait moins à faire; et quand à la fin sa confidence fut achevée l'émotion qu'elle lui avait donnée l'avait fort affaibli, et le prêtre qui l'écoutait aurait bien fait de se hâter; mais, en sa qualité de ministre de la parole de Dieu, il était dans l'usage de ne jamais donner une absolution sans la faire précéder à tout le moins d'un fragment étendu de l'un des sept discours qu'il avait écrits autrefois et prêchés sur les sept péchés capitaux. Dans le cas particulier, aucun point ne s'appliquant d'une manière directe à la situation de son pénitent, il fut obligé de faire une combinaison de plusieurs passages empruntés à des sermons différens, ce qui compliqua et allongea outre mesure son opération oratoire, et laissa au malade, que ses forces abandonnaient à vue d'œil, le temps d'entrer en pleine agonie. Depuis quelques minutes il paraissait avoir perdu le sentiment de tout ce qui l'entourait, et le bon prêtre était sur le point d'achever sa péroraison quand le son criard et lointain d'un violon qui jouait une tyrolienne retentit à leurs oreilles. Ce bruit, comme on peut le penser, n'émut pas autrement le prédicateur, qui continua de finir son discours; mais le malade en parut pénétré jusque dans la moelle des os. Il se releva droit sur son séant; ses cheveux se hérissèrent; une contraction nerveuse parcourut sa face; il prêta l'oreille avec une horrible angoisse, saisit le bras du confesseur, et, le serrant violemment : « Entendez-vous, dit-il d'une voix lamentable, entendez-vous l'ame de ma mère qui se plaint de moi? » A cette parole il fut saisi d'une convulsion qui dura quelques minutes; puis, sans avoir reçu l'absolution, il expira; et franchement le pauvre Tobias avait eu tort de s'émouvoir ainsi, car ce qu'il avait entendu, c'était le violon d'un infirmier qui, à ses momens perdus, une fois ses plaies pansées et ses morts ensevelis, pratiquait les beaux-arts, auxquels les gens de son état sont en général fort enclins.

Au moment même où Tobias Guarnerius cessa de vivre, le libraire chez lequel était alors déposé son violon entendit dans l'intérieur de l'étui une forte vibration, comme celle d'une corde qu'on aurait pincée vivement : l'ayant ouvert pour voir ce que cela pouvait être, il sentit un petit vent qui lui passa devant la face : toutes les cordes s'étaient brisées d'un même coup; le chevalet, ainsi que la cheville que les luthiers appellent l'*ame*, étaient tombés, et on l'entendait rouler dans l'intérieur de l'instrument, qui d'ailleurs n'avait aucun autre dommage. Un luthier fut chargé de réparer ce désordre. En sortant de ses mains, le violon avait tout-à-fait perdu sa qualité de son. Ce qu'on n'y retrouvait plus surtout, c'était cette puissance d'excitation nerveuse qu'on y remarquait autrefois. Tel qu'il était cependant, il restait encore un des remarquables ouvrages connus dans le commerce de lutherie européenne.

Quelques mois après, le bruit de la mort de Tobias Guarnerius s'étant répandu dans sa ville natale, le vieux domestique du gouverneur, qui jusque là avait gardé le silence, parla de ses soupçons; et comme la disparition subite de Tobias avait déjà fort excité l'attention publique, il n'eut pas grand'peine à leur donner créance. Le peuple s'ameuta devant la boutique, qui était fermée depuis près de trois années, en brisa la clôture, et pénétra dans l'intérieur. Plusieurs objets suspects, entre autres les pièces de l'appareil transfusoire dont j'ai parlé, quelques livres écrits en caractères étrangers, y furent trouvés, et contribuèrent à mettre en mauvaise renommée la mémoire du luthier, qui heureusement ne laissait après lui aucun parent. Pendant plus de deux mois le clergé ne fut occupé qu'à dire des messes que les ames dévotes commandaient pour le repos de celle de Brigitta Guarnerius. Le lendemain du jour où la visite domiciliaire avait eu lieu, les croix rouges que vous avez vues sur les volets s'y trouvèrent marquées sans qu'on pût savoir qui les y avait faites. Depuis ce temps, le propriétaire de la boutique, qui avait déjà essayé inutilement de la louer à bas prix, avant la mort de Tobias, a dû renoncer à l'espoir d'en tirer parti d'aucune façon. Il se propose, à ce qu'on assure, de la faire démolir incessamment, et les gens du quartier s'en réjouissent fort ; car on dit que souvent, durant la nuit, on y entend de mauvais bruits. Je crois cependant que ce sont des contes de vieilles femmes, auxquels les esprits sensés ne doivent point ajouter foi; car on ne saurait trop se défier de ces sottes superstitions auxquelles le peuple se livre si facilement.

On remarquera que ceci était la morale du conte que le magistrat avait raconté à mon arrière-grand-père.

LA FOSSE DE L'AVARE.

LA FOSSE DE L'AVARE.

(Lieu de la scène : un village près Badajoz, le cimetière. — Sept heures du soir.)

GARCIAS, FOSSOYEUR, JOSÉ, SON VALET.

JOSÉ.

MAÎTRE, creuserons-nous long-temps encore? Voici dix pieds de terre que nous remuons depuis deux jours! Saint Jacques de Galice m'ait en aide! Ouf! je suis las!

GARCIAS.

Un peu de courage, garçon; tu seras payé de ta peine : va toujours, José, va toujours. Il faut gagner son argent, mon fils ! Nous avons encore cinq bons pieds de terre à jeter dehors. Corps du Christ ! Garcias, fossoyeur depuis trente-et-un ans, ne va pas manquer à sa parole, ni attraper une vieille pratique. Mon marché est bon, et j'y tiens. Il faut remplir ses engagemens en honnête chrétien.

JOSÉ.

Bah ! c'est bien assez profond comme cela ! Pourquoi descendrions-nous si bas ce pauvre cadavre ? Que craignez-vous, maître ? Il a voulu quinze pieds de fosse : va-t-il donc revenir, la toise en main, pour mesurer si vous lui avez donné son compte ? Allez, vous ne courez pas risque d'être cité devant le corrégidor.

GARCIAS.

C'est pourtant vrai, José, qu'il a voulu, le vieil avare, être enterré aussi loin des hommes que possible.

JOSÉ.

Craint-il qu'on ne lui vole son vieux corps?

GARCIAS.

Ou espère-t-il, quand viendra le jour du jugement, que l'ange de la résurrection n'aura pas la pioche assez longue et le bras assez fort pour l'atteindre?

JOSÉ.

C'est peut-être son idée.... peut-être qu'il a raison.

GARCIAS.

Pauvre niais! tu crois que l'ange de la résurrection est fossoyeur.

JOSÉ.

Je penserai à cela... ou je le demanderai au curé.

GARCIAS.

Creuse, creuse, José; tu n'es bon qu'à ton métier. Creuse, tu ne trouveras pas le bon sens que tu as perdu.

JOSÉ.

Du bon sens, maître! mais dites donc, en avait-il plus que moi celui dont nous préparons le domicile? A propos, maître, pendant que nous sommes en train de jaser, si vous me contiez l'histoire de cet homme-ci? pourquoi il a voulu quinze pieds de fosse? quelle raison il vous a donnée? Cela me taquine. Cette histoire doit être drôle; notre homme était assurément un imbécille.

GARCIAS.

Oui, José.

JOSÉ.

J'aime les contes d'imbécilles; ils m'amusent plus que tous les autres. Et celui-là en était un, comme vous dites. Avare, avare! que c'est bête d'être avare! n'est-ce pas, maître? Avoir de l'argent et ne pas manger; être riche et se faire pâtir! c'est plus niais que moi.

GARCIAS.

Tu as trop d'esprit aujourd'hui, José. Mais, tiens, nous sommes las; apporte le bissac; soupons ensemble. Laisse un moment ta pioche et viens t'asseoir près de moi; là. Je vais te dire l'histoire d'un homme comme le bon Dieu n'en a jamais créé qu'un seul.

JOSÉ.

Diable !

GARCIAS.

Mets-toi sur le bord de la fosse, les jambes pendantes, bien à ton aise, et écoute.

JOSÉ.

Oui, maître.

GARCIAS, d'un ton de prédicateur.

Aucune des créatures que Dieu a faites à son image ne ressemblait à don Ferrero.

JOSÉ.

Maître, permettez que je vous arrête ici. Le diable a-t-il donc été fait à l'image de Dieu ?

GARCIAS.

Oui.... non.... — Tu es un sot, José.

JOSÉ.

En attendant, vous ne me répondez pas.

GARCIAS.

Je ne te dirai pas l'histoire d'Andréa Ferrero, dont le cercueil est là, tout à côté de nous.

JOSÉ.

Si fait, si fait ; je vais me taire. J'écoute de toutes mes oreilles. C'est demain dimanche ; je leur conterai cela, le soir à la veillée, et je commencerai par leur dire : Écoutez, mes camarades, la grande, la nouvelle histoire de *la Fosse de l'avare*. C'est un beau commencement.

GARCIAS.

Écoute donc et profite.

JOSÉ.

J'écoute, maître.

GARCIAS, toujours d'un ton solennel.

C'est une grande leçon, mon enfant, que celle que renferme le cercueil dont nous allons confier le dépôt à la terre. Le maigre squelette qui bientôt va reposer dans le trou profond que nous venons de lui préparer n'avait pas d'autre Dieu sur terre, pas d'autre espoir, pas d'autre avenir que l'argent. Il en vivait, il s'en rassasiait sans pouvoir jamais s'en assouvir. Je l'ai vu, au milieu du marché de notre ville, jeter un regard avide sur tout l'argent qui circulait autour de lui ; quelque chose de démoniaque émanait de ce regard. Je m'étonnais qu'il pût s'abstenir de voler et d'assassiner, mais Andrea Ferrero était timide. La cupidité jointe au courage fait le brigand ; jointe à la lâcheté, elle fait l'avare.

JOSÉ.

Maître fossoyeur, vous parlez comme le vicaire ; vous dites presque aussi bien que le curé.

GARCIAS.

Les morts instruisent. Tu as dû remarquer cet œil d'un gris verdâtre qui faisait peur aux marchands et aux marchandes, quand ils s'approchaient de Ferrero, et ces mains crochues qui s'allongeaient comme des griffes ; alors même que leur étreinte ne saisissait que l'air et le vide, vous eussiez dit qu'elles se contractaient encore pour enserrer leur métal chéri. Etait-il obligé de changer une pièce, il semblait vous dévorer de l'œil, vous et votre argent; vous reculiez effrayé. Pas un sentiment de bienveillance, pas un éclair de générosité dans cette ame. Il ne parlait jamais aux enfans, dédaignait les femmes, et ne s'est jamais marié. Il ne s'intéressait à personne qu'à lui-même et au monceau de doublons, bien trébuchans, qu'il avait entassés. Il restait enfermé en lui, occupé à contempler l'image intérieure de sa fortune, et à ronger son propre cœur, tourmenté par la crainte du vol et le chagrin de ne pas accroître plus rapidement ses gains. Dans ce cœur en proie à une souffrance de tous les momens, le ver rongeur de l'avarice continuait jour et nuit ses morsures.

Il y a quinze jours, ou à peu près, Ferrero vint chez moi. Il commença par se plaindre de la cupidité des hommes, de la difficulté de gagner sa vie, et du malheur des temps : ainsi font tous les avares. Je ne savais à quoi il en voulait venir. Puis il me dit : « Garcias, tu es honnête homme, autant qu'on peut l'être aujourd'hui ; dis-moi donc un peu, la main sur la conscience, combien me prendras-tu pour me creuser une fosse de quinze pieds de profondeur ?

— Nous en parlerons, mon bon monsieur, lui répondis-je, quand vous en aurez besoin.

— Non, non, reprit-il; je veux arranger cela moi-même avant de mourir; autrement mes pauvres héritiers seraient dupes. On leur demanderait une somme d'argent énorme; c'est ce que je veux empêcher. C'est par pitié pour eux.

— Mais, mon cher monsieur, si nous faisons votre fosse aujourd'hui, et que vous viviez long-temps, il ne se passera pas d'hiver qui ne détruise votre ouvrage, songez-y bien. Il faudra recommencer le même travail, ce qui vous coûtera bien davantage.

— Tout le monde veut tromper. Non-seulement ce maudit fossoyeur prétend m'attraper, mais le temps se met de la partie, et me demande mon argent. Je ne le donnerai pas à toi, vieux squelette! ajouta-t-il en se mettant en colère, et ta main décharnée ne recevra pas mes écus. Fossoyeur, voici comment nous allons arranger cette affaire; je te paierai d'avance le prix convenu, et tu t'engageras par un acte légal à creuser, quand j'en aurai besoin, ma tombe, selon mes intentions. Voyons, sois raisonnable, que me demandes-tu? Il te faut, pour cette œuvre, deux hommes, pas davantage. Deux journées suffisent, et le travail n'est pas cher aujourd'hui : on trouve plutôt des hommes que de l'ouvrage. Parle, j'ai besoin d'être tranquille là-dessus.

Je trouvai sa proposition si bizarre que j'eus de la peine à m'empêcher de rire.

« Très-volontiers, lui dis-je, mon maître; j'ai besoin d'argent comptant; et personne, je vous assure, ne fera votre affaire à aussi bon marché que moi. Je ne vous demanderai en tout qu'un quart de maravédis par pied cube. Seulement nous doublerons la somme à mesure que la pioche descendra en terre.

— Doubler à mesure que la pioche descendra en terre?

Il réfléchit un moment et reprit :

Très-volontiers; mais je ne veux pas donner à

boire ni à manger aux travailleurs. Pas un sou de nourriture, entends-tu, Garcias? tiendras-tu ton marché? J'y tope, moi.

— Eh bien! j'accepte, répondis-je.

Si tu avais vu, José, avec quelle joie l'avare fit tomber sa main desséchée dans la mienne, et comme il me força de quitter nos occupations pour aller chez l'escribano (¹). Le contrat fut fait double et signé de nous deux, ainsi que de l'homme de loi. Ferrero tira sa bourse, et attendit que le notaire eût fini son calcul et stipulé le montant total de la somme convenue. L'escribano n'en finissait pas.

« Diable! s'écria Ferrero, vous êtes bien long, notaire, mon ami; que de chiffres pour une si petite somme! C'est trois ou quatre dollars; rien de plus facile à compter.

— Mais, interrompit le notaire, c'est quelque chose de plus; voyez plutôt. Cela fait juste 200 dollars. »

(¹) Notaire.

Ferrero saisit d'une main tremblante le compte qui lui était offert, et le parcourut d'un air d'épouvante. L'agonie était sur son visage ; vous l'eussiez pris pour le symbole de la mort. Son menton desséché retomba sur sa poitrine ; il essaya de parler, mais en vain. Ses dents claquèrent, ses genoux frémissans s'entre-choquèrent ; il pleura, pria, maugréa, et refusa de payer. J'ai encore entre les mains le traité que nous avons conclu, et que je ferai solder assurément. Quant à lui, il s'enferma dans sa maison, cessa de manger, et se laissa dépérir. Le désespoir d'avoir accédé à ma proposition le dévorait. Ces 200 dollars le tuaient ; cette fosse qui n'était pas encore faite, et qu'il fallait payer si cher, absorbait sa vie.

JOSÉ, riant.

Ah ! ah ! maître, la voilà cette fosse ! nous remettons-nous à l'œuvre ! Allons, terminons. Finissons-en avec ce vieux ladre !

GARCIAS.

Tout à l'heure ; mon histoire n'est pas finie. Bref, il passa trois ou quatre jours à soupirer, à languir, à déplorer sa faute, et expira.

JOSÉ.

Maître, vous l'avez assassiné, le pauvre homme. Je connais la loi, moi, je sais ce qui vous pend à l'oreille; vous serez pendu, et c'est moi qui aurai l'honneur de vous enterrer; car je serai maître fossoyeur.

GARCIAS.

Silence! Il y avait plus de vingt ans que Ferrero avait commandé au menuisier de la grande rue des Carmes un beau cercueil pour son usage. C'était une vaste boîte bien plus profonde que ne sont les cercueils ordinaires. Il avait placé ce cercueil au pied de son lit. Un double cadenas le protégeait et le fermait; il ne cessait de contempler cette lourde boîte. Quelquefois, pendant l'hiver, lorsque le vent soufflait à travers les fissures de ses fenêtres disjointes, lorsque la vieille porte criait, que la bise hurlait dans la cheminée antique, que le sifflet aigu de l'ouragan épouvantait les vieilles femmes, il s'enveloppait d'un grand drap blanc, s'asseyait auprès de l'âtre sans feu, et regardait fixement le cercueil, sur lequel il finissait par aller s'asseoir. Là, il restait en contemplation pendant des journées. Les vieilles femmes disaient que c'était un homme pieux, et elles se trompaient. On croyait qu'assis sur ce cercueil il finirait par se repentir de ses péchés, et qu'il laisserait aux pauvres tant de richesses dont il n'avait fait aucun usage.

Hier sur le midi deux hommes prirent le cercueil dans lequel était le cadavre, et se mirent en devoir de l'emporter. Ils le remuèrent avec peine, et à force de le secouer dans tous les sens le fond se détacha. Devine, José, ce qui se trouvait dans le double fond du cercueil. De l'or, des dollars sans nombre, des écus de toutes les espèces, de quoi faire la dot de la fille d'un vice-roi d'Amérique. Il avait tout emporté avec lui.

JOSÉ.

Ah! ah! ah! s'il revenait maintenant, qu'il serait attrapé.

GARCIAS.

Il voulait que ses dollars couchassent avec lui dans l'éternité. C'était son paradis. Il avait une pauvre vieille tante et une nièce fort jolie, ma foi, qui ne se trouve pas mal de l'aventure, et qui est devenue riche tout à coup. Honnête José, je t'ai dit que c'était une leçon, profite-s-en. Tu vois bien ce cadavre-là, dans cette boîte à côté de nous : il a vécu plus riche qu'un banquier de Madrid et plus pauvre qu'un nègre d'Afrique. Car il s'est privé de tout et n'a joui de rien. Quel homme! gourmand et dépensier aux dépens des autres, avare de tout ce qui était à lui! Le plus misérable de tous les cadavres que j'ai ensevelis; lâche, et qui aurait mérité le gibet s'il n'avait pas été si lâche.

JOSÉ.

Maître, dites donc, ne parlez pas si haut; si cette mauvaise ame allait revenir?

GARCIAS.

Est-ce que tu aurais peur aussi, toi?

JOSÉ.

Non, maître : ce que je méprise le plus c'est un poltron.

GARCIAS.

Eh bien! descends vite dans cette fosse, tu m'aideras.

JOSÉ.

Maître, la fosse est déjà bien profonde, et si elle allait s'écrouler sur nous et nous ensevelir?

GARCIAS.

Mais tu n'es pas poltron?

JOSÉ.

Non, maître, je descends.

UNE VOIX sortant du cercueil.

Ah! j'étouffe; ouvrez-moi! Mon or.....

GARCIAS.

José! as-tu entendu?

JOSÉ, se sauvant.

Maître, sauvez-vous, c'est l'ame.

(*Les deux fossoyeurs tombent dans la fosse en se culbutant.*)

FERRERO, brisant le cercueil et se soulevant avec peine.

Où étais-je? Ah! mon Dieu! et d'où viens-je? ils m'ont enterré. Voici le cercueil. Ah! mon Dieu! ce n'est plus mon beau cercueil de bois de chêne que j'avais payé quinze écus au menuisier Tolèdo. Et mes beaux dollars qui remplissaient le fond! Ah! mon Dieu, je suis perdu! mon cercueil, mes dollars, le double fond où ils étaient, je suis volé, volé!

(*Il fuit vers le village enveloppé de son linceul.*)

LES TROIS SŒURS.

LES TROIS SŒURS.

Je ne sais s'il me sera possible de faire passer dans le récit suivant l'intérêt que m'ont inspiré trois jeunes filles que j'ai vues mourir dans le Rutlandshire, en Angleterre. On veut aujourd'hui des émotions terribles, variées, et la simple narration des derniers momens de trois infortunées condamnées à succomber jeunes à un mal héréditaire offre peu d'incideus et de contrastes. Nous prétendons aussi maintenant nous rapprocher du *vrai* en littérature ; et quand le vrai se présente sans parure, nous lui demandons encore le trivial, le bizarre et le niais pour relever sa faiblesse et assaisonner sa fadeur. Je n'offrirai donc ces souvenirs que comme une réalité triste que j'ai vue et qui m'a touché : qu'on prenne ce récit, non pour *mien*, mais pour *vrai*, comme dit Montaigne.

Leur père, resté veuf de bonne heure, était un de ces gentilshommes de campagne (*country gentlemen*) qui réunissent dans leurs manoirs demi champêtres, demi seigneuriaux, à peu près tout ce qui peut contribuer au bonheur réel de l'homme, et faire passer doucement la vie : considération publique, bien-être, richesse, le moyen et la fréquente occasion de faire le bien. C'est une existence dont ne peuvent donner l'idée, ni les villes d'Italie, ni nos anciens châteaux, ni l'opulente élégance de nos habitations de campagne. Plus domestique, plus agreste, elle réunit l'ordre, l'aisance, un luxe qui n'est pas de la magnificence, une certaine élégance chaste, qui ne semble destinée qu'à augmenter le bien-être du possesseur, et n'est cependant privée ni d'agrément ni même de poésie. Des plantations vastes et bien dirigées, une chasse abondante, de bonnes meutes, d'excellens chevaux; enfin, s'il faut tout dire, cette position à la fois aristocratique et rurale, que le philosophe spéculatif peut blâmer, mais qui donne à chaque petit seigneur une importance idéale en même temps qu'une influence réelle; tout cela compose une douce vie qui contraste singulièrement avec l'existence agitée des riches du continent; une vie dont on peut jouir avec délices, pour peu que l'on ait de ressources en soi-même et que la solitude n'effraie pas.

Malheureusement ce dont l'homme est le moins capable de jouir, c'est ce qu'il possède. Le seigneur châtelain dont je parle ne se doutait pas qu'il y eût dans tout cela une seule source de bonheur; c'était un des humains les plus rapprochés de l'espèce animale qu'il soit possible de rencontrer. On regrettera sans doute que je n'introduise pas à sa place un père sentimental, qui eût attendri mes pages, et augmenté l'effet pathétique de ce qui va suivre; mais la vie, mais la réalité, mais le monde comme il est, ne se prêtent pas à des combinaisons aussi savantes. Le père des trois jeunes filles, ainsi que la plupart de ses confrères, était un intrépide chasseur ; grâce à un long exercice, presque toujours ivre encore du vin de la veille, il revenait cependant sain et sauf à six heures du soir de ses excursions périlleuses. Le lendemain matin à cinq heures il recommençait, et sa vie se passait ainsi. Ses filles étaient pour lui comme si elles n'eussent pas existé ; une de ses sœurs en prenait soin, ou plutôt, depuis qu'elles avaient perdu leur mère, enlevée à vingt-trois ans par la phthisie, elles étaient absolument livrées à elles-mêmes et au pressentiment du sort qui les attendait.

Caroline devait mourir la première.

Elle ne ressemblait en rien à ses deux sœurs, toutes deux plus âgées qu'elle ; elle avait près de dix-sept ans. Plus jolie que belle et plus gracieuse que jolie, ses grands yeux bleus étincelaient d'un feu vif, dont l'éclat attristait : c'était la lampe prête à finir. La légèreté de sa course, la promptitude de ses réparties, l'abandon de ses jeux naïfs ; une gaieté vive qui se mêlait à la précision de sa fin prochaine, contrastaient étrangement avec la douceur résignée d'Emma et l'expression ardente et passionnée de Marie.

Quand les trois sœurs étaient ensemble, c'était la plus jeune qui dominait les autres. Une nuance de son caractère se communiquait à ses deux sœurs, et ces caractères si différens s'harmoniaient, si je peux employer ce mot, avec un charme qu'il est également difficile d'exprimer et d'oublier.

A mesure que le mal faisait des progrès chez Caroline, sa vivacité, sa gaieté, augmentaient. La destruction intérieure, qui s'opérait peu à peu, semblait embellir sa victime. Vers la fin de l'hiver de 1816, il était facile de prévoir que le printemps, aussi fatal aux poitrinaires que l'automne, ne se passerait pas sans achever le sacrifice commencé. Je voyais avec terreur s'accomplir ce phénomène moral et physique, et les lentes approches de la mort, semblables à celles d'une mer calme et paisible, qui, dans son flux insensible, envahit lentement sa proie réservée. Alors il semble que toute l'ame, effrayée de voir de près le sort qui la menace, recule, se ramasse en elle-même, et double sa force et son énergie. Le visage de la pauvre enfant se colorait d'une teinte plus rosée chaque jour, comme le ciel s'anime et s'enflamme avant la nuit. A observer l'ardeur de ses yeux, l'agilité de ses mouvemens, vous eussiez dit que la santé tout à coup renaissante animait d'une sève nouvelle cette existence délicate, et que la vie, avec ses plaisirs et ses espérances, commençait à déployer pour elle des trésors dont la révélation l'enivrait. L'effet produit par ce mélange et cette lutte de la vie et de la joie avec la mort inévitable me rappelait un tableau assez peu connu de je ne sais quel maître de l'école hollandaise ; ce peintre, plus philosophe que ses patiens rivaux, a représenté un tout petit enfant, qui sourit et qui se joue avec des hochets : étendu sur un blanc linceul, il est entouré de tous les emblèmes de la destruction : un crâne desséché soutient sa petite tête blonde ; un osselet de mort roule entre ses jolis doigts. Le même contraste se trouvait entre cette jeune et naïve innocence et le tombeau qui la réclamait. Rien n'était plus triste ni plus touchant.

Jusqu'aux derniers instans de sa vie, la gaieté de la jeune fille se soutint. Personne ne la vit mourir. Un jour, vers la fin du mois de mai, elle se leva de très-bonne heure et descendit doucement dans le parloir où sa harpe était placée ; ses deux sœurs n'étaient point levées. Sur les dix heures, elles trouvèrent Caroline, souriant encore; appuyée sur une ottomane, la tête penchée pour ne se relever jamais; ses doigts étaient glacés, et s'étendaient, comme pour ressaisir l'instrument qu'ils avaient quitté.

Je l'ai dit plus haut, ce récit est bien simple; il n'a ni incidens ni péripétie, et, pour toute catastrophe, une seule, la dernière. Je voudrais pourtant rappeler et faire revivre le souvenir de ces jeunes filles, qui ont traversé le monde sans y laisser de trace, comme le chant d'un oiseau traverse la feuillée. Je voudrais redire qu'elles ont vécu, redire comment elles ont péri. Je voudrais que leur nom inconnu ne fût pas perdu tout-à-fait. Je serais heureux si les diverses nuances de leur vie si passagère et si pure intéressaient quelques ames.

Emma Beatoun, plus âgée d'un an que Caroline, la suivit de près; c'était une personne supérieure et dont la raison avait mûri avant l'âge. Il y avait quelque chose de singulièrement profond dans sa pensée, de réfléchi et de noble dans sa conduite; sa figure était pâle; ses cheveux étaient blonds, et ses traits d'une régularité frappante. Dénuée de tout pédantisme, mais douée de talens d'un ordre peu commun, d'une facilité de compréhension et d'une justesse d'esprit dont j'ai vu peu d'exemples, elle voulait, comme sa sœur, et comme la plupart des personnes que cette cruelle maladie a marquées du sceau funèbre, vivre beaucoup en peu de temps. L'étude et les arts occupaient toutes ses journées : elle vivait de cette flamme intellectuelle dont l'intensité et l'éclat augmentaient chaque jour. Ces progrès, auxquels la vie allait bientôt manquer, causaient plus d'effroi encore que d'admiration. Elle n'avait pas vu le monde, mais elle le devinait. Un remarquable instinct d'observation, d'ailleurs si commun aux femmes, s'était développé chez elle dans la solitude où elle avait vécu ; et, comme il arrive souvent aux solitaires, ses idées sur toutes choses étaient d'autant plus singulières et plus profondes qu'elle ignorait leur nouveauté : c'était de naïfs paradoxes.

Il nous arrivait assez souvent de parler d'ouvrages récemment publiés, et même du théâtre, qu'elle ne connaissait que par ses lectures.

« Voyez-vous, me disait-elle, il y a dans la plupart

de ces livres mille choses que je ne puis souffrir ; je sens que ce n'est pas *vrai*. Le faux me déplaît comme mensonge ; dans les actions, dans les écrits, dans les arts, il me semble que le faux c'est le mal. Apprenez-moi pourquoi je le retrouve partout. Celui-ci affecte la simplicité; tel autre la grandeur. Votre Diderot, dont vous m'avez prié de lire une tragi-comédie, avec son amour prétendu pour la vérité, est le plus faux des hommes; chacun de ses personnages a un sermon dans la bouche; il est imposteur comme un chef de secte. D'autres sont faux et serviles comme des esclaves. Depuis que Walter Scott a écrit des romans gothiques, tout le monde l'imite, c'est insupportable. L'affectation est si déplaisante! c'est encore un mensonge. Dans tous ces efforts de littérateurs, la conscience manque; ils écrivent, non comme ils sentent, mais selon la manière qui doit, suivant eux, flatter le public : ce sont des courtisans et des acteurs ; ils jouent un rôle, ils n'ont pas de personnage qui leur appartienne. Je crois quelquefois, quand je les lis, voir un homme monté sur des échasses ; d'autres fois, ce sont des orgueilleux qui font les pauvres, et, dans leur simplicité prétendue, se revêtent de bâillons pour qu'on les remarque. N'est-ce pas un Français qui a dit le premier que *le langage humain fut donné à l'homme pour déguiser sa pensée ?* La plupart des écrivains ont apparemment choisi cette phrase pour mot d'ordre. Je conçois que vous, messieurs, qui avez été élevés dans des colléges latins et grecs, et qui vous préparez à pérorer dans les parlemens et dans les salons, vous trouviez tout cela fort beau ; mais, nous autres femmes, nous ne comprenons guère ce travestissement universel que vous appelez littérature ; ce que nous aimons, ce qui me plaît, du moins, c'est un trait de vérité, non affectée, comme il y en a tant chez Sterne, mais franche comme chez votre Molière, de ces mots qui abondent dans Shakespeare ; de ces peintures qui se reconnaissent tout de suite, et dont on dit : *C'est cela ;* de ces échappés de vue qui vous éclairent tout à coup, sans que l'auteur soit devant vous, la plume à la main, un masque sur le visage, tantôt comme un professeur prêt à vous endoctriner, tantôt comme un bouffon ou un comédien, pour vous redire ce que d'autres ont pensé, et détruire par là votre plaisir. »

Ainsi une jeune fille qui n'avait vu que les beaux gazons de son parc et les murs de briques du manor-house avait deviné la grande et seule division qui existe réellement dans les arts et dans les ouvrages de l'esprit; ainsi, dans la simplicité de ses vues profondes, elle avait dépassé de bien loin La Harpe et le docteur Blair. On s'étonnera de cette bizarrerie apparente. Cependant oublier combien il y a de rapports entre la vraie critique et l'observation de la nature humaine, c'est oublier combien ce qui est vraiment simple est nécessairement profond. Par leur instinctive connaissance du cœur, par leurs réflexions de tous les jours, ou plutôt par leurs émotions, qui se transforment en pensées, les femmes sont constamment plus rapprochées de la vérité que nous; et ces idées justes et sagaces, ces aperçus d'une finesse extrême, dont la source pure ne se mêle ni des préjugés de collége, ni de passions d'école, de coterie, de secte, de parti, de corporation, de profession, meurent presque toujours avec celles qui en ont été dotées. L'homme a mille carrières où il peut laisser une trace de sa vie, imprimer son passage et prouver qu'il a vécu. Pour les femmes, il n'en est pas ainsi; la réserve imposée à leur vie s'étend à leurs pensées. Rarement des circonstances spéciales viennent donner de la publicité et de l'avenir à ces sentimens, à ces opinions, à ces observations ; soit que leurs jours s'écoulent au milieu des occupations, des plaisirs et des peines de la vie domestique, soit que leur tombeau s'ouvre avant la vieillesse, et que tout s'évanouisse à la fois, beauté, grâces, intelligence, faculté d'aimer, de sentir et de penser.

Ainsi disparut Emma Beatoun. Le seul peut-être entre tous les hommes qui ait pu entrevoir les éclairs de génie, les trésors de naïve et de modeste sagesse que cet esprit supérieur renfermait, j'ose à peine inscrire ici quelques-uns de mes souvenirs à cet égard, de peur qu'une légèreté trop commune n'élève un doute sur la véracité de ces souvenirs même. Tous les jugemens qu'elle portait émanant d'une pensée vierge et forte, et n'ayant rien d'emprunté ni de factice, étaient cependant précieux à recueillir. Je ne citerai qu'une de ses opinions, qui me paraît faite pour frapper les esprits, dans un temps où l'on s'occupe beaucoup de littérature étrangère. On sait qu'aux yeux de la plupart des critiques, le *Ro-*

méo et *Juliette* de Shakspeare a semblé une brillante apothéose de l'amour, un chant élégiaque, une sorte de *Bérénice* anglaise. Dans cette supposition, ils se sont fatigués pour expliquer le style étrange, les concettis bizarres, les métaphores fantasques de Roméo; et Johnson, incapable d'expliquer l'énigme, s'est contenté d'accuser l'auteur, mais ce qu'un philologue et un lexicographe ne découvrent pas dans un poète, une jeune fille peut l'apercevoir.

« Il me semble (me disait un soir Emma Beatoun) qu'il y a quelque chose d'ironique dans *Roméo*, et que Shakspeare s'est un peu moqué de l'amour. Le jeune homme est un aimable garçon, plein de légèreté, d'étourderie, de tendresse et d'inconstance; son amour est de fantaisie et de caprice, et son langage est fantastique comme sa passion. Il aimait Rosalinde qui repoussait son hommage. Juliette se présente et reçoit ses vœux inconstans; tout entier à l'impulsion nouvelle qui le domine, Roméo ignore combien sa conduite est plaisante et insensée. C'est Mercutio, placé à côté de lui, qui se charge d'exprimer les intentions de Shakspeare, et qui passe son temps à railler l'amour et l'amoureux. Aussi quand ce rêve bizarre, cette fantaisie, ce songe vaporeux, se terminent par le meurtre, la douleur et le désespoir, Mercutio, dont la gaieté devient inutile ou déplacée, disparait; le poète le tue et s'en débarrasse. Vous voyez bien qu'au lieu de chanter un hymne à l'amour, comme vous le prétendez, Shakspeare le montre, selon moi, comme un caprice né du moment, facile à détruire, fertile en douleurs, aussi périlleux dans ses suites que léger dans ses causes, comme un souffle passager qui enivre et qui empoisonne, qui exalte et qui tue. » C'est, je l'avoue, la meilleure critique que j'aie jamais entendue ou lue sur ce singulier ouvrage de Shakspeare.

Le mal avait pris chez Caroline une forme brillante et gaie qui semblait se moquer de sa victime. Pour Emma, les trois derniers mois de sa vie furent singulièrement pénibles : elle passait d'une langueur accablante à des angoisses insupportables; ce n'était plus qu'un fantôme. Sa sœur Marie la soignait, et rien ne paraissait l'attrister comme la présence de cette sœur, aussi condamnée, qui oubliait son propre destin pour adoucir les derniers momens de sa sœur. J'avais remarqué chez Emma un penchant assez vif pour l'exaltation religieuse ; ses souffrances et l'aspect de la mort accrurent cette disposition qui prit vers la fin de sa vie un caractère d'enthousiasme très-prononcé. Sa sœur Marie, assise auprès de son chevet, écrivait sous sa dictée des hymnes ou chants religieux qu'elle composait quand elle se trouvait mieux. On sait que la versification anglaise offre peu d'obstacles, se charge de peu d'entraves, et que le sentiment poétique se meut librement dans le rhythme qu'il veut choisir. Ces hymnes de la mourante sont magnifiques ; mais pour les reproduire dans leur énergie, le talent de Lamartine serait nécessaire. Un soir la vieille tante s'aperçut que les doigts blancs et amaigris d'Emma ne remuaient plus et restaient croisées sur sa poitrine ; tout était fini !

Marie restait seule ; c'était la plus âgée et la plus délicate des trois sœurs. Dans l'isolement où elle se trouvait, et douée d'un caractère passionné, qui sait si la mort ne fut pas un asile pour elle? Du moins elle la contempla sous cet aspect. Des symptômes assez légers, mais heureux, nous donnaient une lueur d'espérance. Son pouls était faible ; mais le médecin s'applaudissait de ne pas y trouver le mouvement irrégulier de la fièvre. Ses joues ne se teignaient pas de cette rougeur pourprée qui apparaît ordinairement et fait tache au milieu de la livide pâleur des poitrinaires. Nous nous efforcions de lui communiquer nos espérances, et son père lui-même, que la mort de ses deux filles avait frappé d'une sorte de terreur, était plus assidu auprès de Marie ; mais si on cherchait à lui persuader qu'elle devait vivre, elle secouait la tête et gardait le silence. Elle semblait nous dire : « Il y a des secrets que les mourans savent seuls. »

Bientôt une lassitude profonde s'empara d'elle ; elle ne pouvait plus se lever dès qu'elle était assise. La mort paraissait vivre en elle. Quand nous l'avions placée sur le siège d'osier qui faisait face à la pelouse du château, ses membres fatigués, ses jointures sans ressort, ses nerfs détendus, refusaient d'exécuter le moindre mouvement : il fallait la reporter dans son lit.

Le père avait repoussé, une année auparavant, les propositions d'un jeune étudiant d'Oxford, qui avait demandé Marie en mariage. C'était le fils d'un tory, et par conséquent un objet de haine pour le *country gentleman*, whig sans savoir pourquoi, et d'autant plus invincible dans ses décisions, une fois prises, que son intelligence était plus courte et plus bornée. Marie, dont l'ame ardente avait cru entrevoir le bonheur dans cette union, avait ressenti un profond chagrin en voyant son espoir détruit. On conseilla au père, qui voyait dépérir sa fille, maintenant unique, de sacrifier enfin sa vieille haine de whig à l'espérance de sauver Marie. Il se résolut, non sans peine, à écrire au jeune homme, qui malheureusement était parti pour l'Italie. Quatre mois s'écoulèrent, pendant lesquels la jeune fille s'éteignit lentement.

Lorsqu'il arriva, il était trop tard. Elle vivait encore, mais quelle existence! On voulut lui persuader qu'un voyage en Italie la ranimerait. « Non, disait-elle, je mourrai près de mes deux sœurs, et je serai ensevelie près d'elles. Nos trois tombeaux seront réunis dans le petit cimetière du village de Blantyre. Je veux que les arbres dont j'ai respiré l'odeur et écouté le murmure soient là, près de moi, près de nous. Ce sont, je le sens bien, des illusions et des chimères, les caprices d'un enfant; mais ne me les ôtez pas : ils me consolent. »

La vie fuyait lentement de son sein, comme un léger filet d'eau se perd en été, et disparaît dans le sable. La dernière scène de cette tragédie domestique fut déchirante. Le lieu de sépulture des habitans du village et de ceux du château est située sur une colline assez élevée, près de l'église. Marie souffrait beaucoup; elle n'ignorait pas que la vivacité de l'air qu'on respire sur les hauteurs hâte les progrès de la phthisie; et plusieurs fois on s'était opposé à ce qu'elle allât visiter les tombeaux de Caroline et d'Emma. Parvenue au terme extrême de la maladie, et au moment où le dernier souffle, prêt à la quitter, vacillait, annonçant la venue de la mort par de nouvelles souffrances, elle voulut qu'on la portât auprès de ses deux sœurs, sur le siége d'osier de la pelouse.

On dut lui obéir; toute espérance était détruite, et résister à ses vives instances eût été une cruauté inutile. Henri et son père la suivirent. Quand elle fut arrivée au lieu qu'elle avait désigné, elle dit :

« Je me souviens d'avoir été là dimanche; on me soutenait, mais je pouvais encore marcher..... Maintenant.....

Henri cachait sa figure entre ses mains et pleurait.

« Mon ami, lui dit-elle, je vais là où sont mes sœurs, là où nous nous reverrons tous, là où nous nous retrouverons. Adieu....... embrassez-moi une fois avant de mourir. »

Il se baissa ; à peine eut-elle la force de l'entourer de ses bras..... un long soupir s'échappa..... c'était le dernier.

J'ai assisté aux funérailles de la dernière de ces infortunées ; je l'ai vue descendre dans l'étroit et dernier séjour où elle repose. La stupide et muette douleur du père me pénétra. L'ame de cet homme était elle-même ébranlée. Quant à moi, le souvenir des trois sœurs ne m'a plus quitté. Que sont les grandes infortunes dont on nous parle, les angoisses des ambitions trompées qui remplissent l'histoire, les malheurs bruyans, les catastrophes éclatantes qui nous émeuvent parce qu'elles nous effraient, auprès de cette vie, de cette mort, de ce long supplice, de ce mouvement continuel, sensible, vers le terme fatal, de cette longue souffrance suivie d'un long oubli !

Nées avec tout ce qui donne le bonheur et le fait partager aux autres, faites pour aimer, pour être aimées, pour sentir toutes les affections du cœur, quelles traces ont-elles laissées au monde? Trois pierres funéraires dans le Rutlandshire. Souffrances du martyr, malheurs du génie, revers du héros, ont leur consolation et leur récompense ; mais ici tant d'obscurité et tant de douleur! se voir mourir, se sentir s'éteindre! Non, dans la longue liste des douleurs humaines, il n'en est pas de plus dénuée de compensation et d'allégement que le sort de ces trois sœurs, cette existence qui ne fut qu'un sacrifice à la mort, une consécration de trois victimes.

LES REGRETS.

AVERTISSEMENT

DES ÉDITEURS.

On nous fera remarquer, nous nous y attendons bien, que la composition dramatique que l'on va lire n'est pas conséquente au titre de ce livre, qui promet des *contes* et non des proverbes; mais le moyen d'obtenir que l'imagination capricieuse à laquelle est dû ce recueil gardât, l'espace d'un volume, l'unité d'une forme littéraire ? Dans ses habitudes fantasques, avoir conté pendant deux cents pages devenait une raison toute concluante pour quitter la forme du récit, et se jeter brusquement dans celle du drame; bien heureux le lecteur qu'elle n'ait pas eu l'idée de *prendre sa lyre*, pour formuler, sous le titre d'*Inondations*, de *Stupéfactions*, ou de *Dévastations*, deux ou trois confidences de poésie rêveuse.

Mais une chose bien autrement difficile à excuser, c'est l'atroce calomnie dirigée contre la nature humaine, dans une suite de scènes où l'on semble avoir voulu nier la religion des morts. Nous avons eu beau nous récrier sur la crudité de ce tableau, protester contre sa vérité, la mégère avec laquelle nous avions traité nous a répondu que nous étions d'honnêtes cœurs, simples et naïfs, qui n'avions rien observé, et qui prenions plaisir à nous leurrer d'agréables mensonges; elle nous a soutenu, par exemple, qu'un mari, venant à perdre sa femme, était quelquefois capable, non-seulement de dîner, mais aussi de l'oublier le jour même de son enterrement. Elle s'est jetée dans une métaphysique incroyable pour nous prouver que les enfans, à l'exception de quelques-uns d'entre eux, chez lesquels la sensibilité se développait prématurément, n'avaient que l'intelligence de la douleur physique. Enfin elle a été jusqu'à prétendre qu'ordinairement les domestiques se souciaient fort peu de la mort de leurs maîtres, et qu'ils n'y voyaient guère que l'occasion d'un habit neuf, dans le cas où on leur faisait prendre le deuil.

Nous n'avons pas besoin de dire l'indignation

profonde que nous a causée le développement de ces principes subversifs. Tout le monde sait, de reste, qu'un homme tombant dans le veuvage reste toujours de huit à quinze jours sans manger; que des enfans à la mamelle ont été vus pleurant à chaudes larmes le jour de la mort de leur mère, surtout quand la nourrice oubliait de leur donner à téter, et que, chez les anciens, des esclaves se précipitaient souvent au milieu du bûcher de leurs maîtres, afin de ne pas leur survivre. Obligés d'éditer, dans toute son atrocité, une conception immorale, nous nous empressons de faire ici nos réserves, en priant le public de croire qu'il n'a pas tenu à nous qu'elle ne fût pas publiée.

P. S. Nous déclarons en outre ne pas nous associer aux insinuations qu'on paraît avoir voulu diriger contre deux classes de femmes recommandables par les soins qu'elles rendent à l'humanité souffrante : celle des garde-malades, et celle des femmes dites *entretenues*.

PERSONNAGES.

Mme LAROCHE, garde-malade.

SOPHIE, ouvrière en linge.

ROYER, chef de division au ministère des affaires ecclésiastiques, officier de la légion-d'honneur.

BOISSEL, premier expéditionnaire de son cabinet.

UN APPRENTI IMPRIMEUR.

ERNEST ROYER, fils de Royer, âgé de cinq ans et quelques mois.

CHARLES, son ami, âgé de six ans.

MARGUERITE, cuisinière de Royer.

PICARD, dit Cœur-Volant, croque-mort.

DEUX PROCHES PARENS DE ROYER, DU CÔTÉ DE SA FEMME.

DEUX AMIS ET CONNAISSANCES.

UN GARÇON DE RESTAURANT.

Mme SAINT-LÉON, rentière.

JULIE, sa femme de chambre.

GUSTAVE, clerc de notaire.

Mme SAGOT, marbrière.

JEAN, ouvrier chez Mme Sagot.

LES REGRETS.

SCÈNE 1re.

(LUNDI SOIR SEPT HEURES.—Une chambre à coucher en désordre. — Sur la cheminée plusieurs fioles ayant contenu des potions.)

MADAME LAROCHE, versant dans une cuiller un restant de bouteille.

PAUVRE chère femme! elle n'a pas eu le temps seulement de finir son looch. (*Buvant.*) Il était fameux pourtant. Faudra que j'en fasse compliment à M. Cadet. (*S'approchant du lit où So-*

phie est occupée à coudre.) Ah ben! par exemple, vas-tu pas me coudre ça à points-arrière?

SOPHIE.

Mais il me semble, mame Laroche, qu'il faut que ça soye solide : c'est pas pour un jour que je l'ourle.

MADAME LAROCHE.

Sois donc tranquille, ça tiendra toujours assez bien pour jusqu'au cemetière; après ça c'est l'affaire aux vers.

SOPHIE.

Saprestie! êtes-vous philosophe! Elle vous parle de ça comme d'une demi-tasse à avaler.

MADAME LAROCHE.

Tu sens bien, chère petite, qu'on n'est pas venu jusqu'à mon âge, ayant gardé quantité de malades que beaucoup me sont passés dans les bras, sans se familiariser avec eux sur la chose de mourir. Car enfin qu'est-ce que la mort? c'est le terme, c'est déménager, c'est finir. Aujourd'hui pour demain, ça peut être notre tour.

SOPHIE.

S'entend, mère Laroche, que le vôtre est plus près que le mien.

MADAME LAROCHE.

Ah! mon Dieu, pauvre bichonne, j'ai vu encore périr plus d'une jeunesse. Tiens donc, la petite Leroy, qui allait sur ses dix ans, et qui vous a été troussée en trois jours de temps, la semaine passée.

SOPHIE.

Oui, mais d'abord les enfans sont bien plus susceptibles à mourir que les jeunes personnes. — Quel âge qu'elle avait, cette pauvre dame que je tiens là?

MADAME LAROCHE.

Vingt-neuf ans, à ce qu'elle disait. Moi je lui en aurais bien donné trente-trois ou trente-quatre.

SOPHIE.

C'est tout de même mourir jeune.

MADAME LAROCHE.

Je crois bien, c'est la fleur de notre âge; d'autant

plus que si cette femme avait eu de la santé, il n'y avait rien de si heureux qu'elle. — Allonge donc tes points. — Adorée de son mari, qui a une très-jolie place...

SOPHIE.

Est-ce qu'il n'est pas pour les récompenses des mémorables journées?

MADAME LAROCHE.

Non, ça c'est à la mairerie; mais son bureau est rue de Grenelle. C'est lui qui fait payer les suminaires.

SOPHIE, d'un air dedaigneux.

Ah! un fanatique.

MADAME LAROCHE.

Eh bien! magine-toi qu'elle avait trois cachemires, deux français et un vrai des Indes...

SOPHIE.

Trois châles pour lors?

MADAME LAROCHE.

Une paire de boucles d'oreilles en diamans, des bagues l'impossible; montée en robes, en linge; que son mari ne la contrariait jamais, qu'elle ordonnait tout dans la maison; même que son fils qui est gentil tout plein est très-fort et très-grand pour son âge; avec tout ça fallait qu'elle fût pomonique.

SOPHIE.

C'est terrible, ça !

MADAME LAROCHE, d'un air capable.

Mais vois-tu ben, je l'ai dit quand j'ai vu son médecin : C't'homme-là ne la réchappera pas.

SOPHIE.

Taisez-vous donc; vos médecins c'est tous des faiseurs d'embarras. — V'là qu'est fait, mère Laroche.

MADAME LAROCHE.

En te remerciant, ma fille. — Maintenant c'nest pas le tout : faut que tu me sortes adroitement le petit paquet d'hardes, parce que moi, la portière a toujours l'habitude de m'appeler quand je passe, de manière que si je n'entrais pas pour jaser un peu dans sa loge, ça ferait un mauvais effet. — Tu fileras vite; alors toi t'auras le canezou.

SOPHIE.

Convenu. — Et vous, comme ça, vous allez rester toute la nuit auprès d'elle?

MADAME LAROCHE.

Pauvre chère femme, c'est le dernier service.

SOPHIE.

Je n'oserais jamais, moi.

MADAME LAROCHE.

Ah ben! par exemple, as-tu pas peur qu'elle vienne te tirer par les pieds? Comme dit l'auteur, va, les morts sont morts; laissons en paix leur cendre.

SOPHIE.

Bonsoir, mère Laroche.

MADAME LAROCHE.

Bonsoir, ma fille. — Ne t'amuse pas en route, que la mère serait inquiète. Vois-tu, le canezou qui est peut-être un peu élégant pour toi, tu pourrais ôter un rang; ça te ferait une jolie garniture de bonnet.

SOPHIE.

Oui, mame Laroche.

MADAME LAROCHE.

Attends, je descends avec toi. Je vais dire à la cuisine qu'on me fasse un peu de vin sucré! L'air de la nuit est mauvaise, il faut se tenir l'estomac chaud.

(*Elles sortent.*)

SCÈNE II.

(LUNDI SOIR HUIT HEURES.—Le cabinet de Royer.)

ROYER, BOISSEL.

BOISSEL, entrant.

Monsieur le directeur m'a fait demander?

ROYER.

Oui, mon cher Boissel. Entrez, vous savez le malheur qui m'est arrivé?

BOISSEL.

Hélas! oui, monsieur. Le garçon de bureau, en venant ce matin ici pour prendre le porte-feuille, a appris le décès de madame votre épouse, il nous l'a transmis. — Les bureaux sont dans la consternation.

ROYER, avec un soupir.

Que voulez-vous, mon ami? — Il n'y a rien de nouveau là-bas!

BOISSEL.

Nous avons eu la visite du secrétaire général; il a parcouru tous les bureaux.

ROYER.

Qui était avec lui?

BOISSEL.

M. Certain le chef.

ROYER, à part.

Petit intrigant! (*Haut.*) C'est incroyable qu'on ne puisse pas s'absenter un jour, et pour un motif aussi légitime, sans s'exposer à des désagrémens.

BOISSEL.

Je vous assure, monsieur, que monsieur le secrétaire général n'a pas du tout paru piqué de votre absence.

ROYER.

Piqué de mon absence! Il s'agit bien qu'il soit piqué ou non. Ne voyez-vous pas qu'il est de la dernière inconvenance, quand il y a un chef de service, de se faire accompagner par un de ses subalternes? Du moment que monsieur le secrétaire-général voulait faire sa visite ce jour-là, il devait me prévenir; j'aurais surmonté la préoccupation de ma juste douleur, je me serais arraché aux derniers embrassemens d'une épouse chérie, afin de me trouver à mon poste.

BOISSEL.

Moi, je sais bien que pour mon compte j'ai trouvé très-étonnante la conduite de M. Certain.

ROYER.

Du reste, je sais ce que j'ai à faire. — Dites-moi, mon cher Boissel. — Asseyez-vous donc. — Je veux vous demander un service...

BOISSEL.

Deux, monsieur le directeur.

ROYER.

Qu'est-ce que vous faites le soir?

BOISSEL.

Mon Dieu, nous sommes une société, des employés, un médecin, quelques avocats, il y a même là un homme, un ancien magistrat, je voudrais que vous le connussiez, un homme du premier mérite. Nous nous réunissons dans un café près de chez moi, on jase politique, on fait sa partie de dames ou de dominos; quand on est célibataire.....

ROYER.

Voyez-vous, j'ai là une liste des personnes de ma connaissance auxquelles je veux envoyer des billets de faire-part. J'ai marqué aussi dans l'*Almanach royal* les différens fonctionnaires de l'ordre civil et militaire auxquels je compte en adresser.....

BOISSEL.

Oui, monsieur.

ROYER.

Il faudrait me prendre cette liste et l'Almanach, avoir bien soin de n'oublier personne, et de votre belle écriture.....

BOISSEL., riant.

Ah! monsieur le directeur.

ROYER.

Non, vraiment, vous avez une main superbe. Vous auriez donc la bonté de plier les lettres, de mettre les adresses, et à mesure qu'il y en aura un paquet de prêt, Cumilbac mon garçon de bureau viendra les prendre pour les porter. Avant minuit vous pouvez avoir fini tout cela.

BOISSEL.

Oui, monsieur.

ROYER.

Ça ne vous contrarie pas de manquer votre partie ce soir?

BOISSEL.

Comment donc, monsieur le directeur!

ROYER.

Tenez, voilà précisément qu'on vient de l'imprimerie.

(*Entre un apprenti.*)

L'APPRENTI.

Bonsoir, monsieur la compagnie; v'là les billets de votre épouse.

ROYER.

Vous venez bien tard !

L'APPRENTI.

Ah ! monsieur, dame c'est de l'ouvrage soigné qu'est long à tirer.

ROYER.

Comment, c'est là ce que M. Éverat a de mieux ?

L'APPRENTI.

Monsieur ne les trouve pas bien ?

ROYER.

Du tout. Ce papier est horrible, la vignette est d'un

goût détestable. (*Ayant lu.*) Ah! et puis voilà qu'ils me mettent chevalier de la légion-d'honneur au lieu d'officier.

L'APPRENTI.

C'est ces animaux de compositeurs qui n'aura pas fait attention.

ROYER.

Remportez-moi ces lettres; je n'en veux pas.

BOISSEL.

J'observerai à monsieur le directeur que si la cérémonie est pour demain matin, il est bien tard pour que nous en fassions faire d'autres.

ROYER.

Mais, mon cher, voyez vous-même si l'on peut se servir de pareilles horreurs.

BOISSEL.

Je sais bien que c'est désagréable, mais des billets d'enterrement ne sont pas absolument pour faire trophée.

ROYER.

Dans six lignes une faute énorme!

BOISSEL.

Monsieur, je corrigerai à la main, et même comme ça le titre d'officier sera plus visible.

ROYER.

Allons, voyons, laissez ces lettres.

L'APPRENTI.

V'là, monsieur.

ROYER.

Vous direz à votre maître que je suis excessivement mécontent.

L'APPRENTI.

Oui, m'sieur.

(*Il sort.*)

ROYER

Vous avez perdu quelque chose?

BOISSEL.

C'est mon canif que je cherche. Je l'ai sur moi ordinairement, mais précisément aujourd'hui.....

ROYER.

Tenez, en voilà un et dépêchons-nous, car il faut absolument que nous ayons fini ce soir. (*Se promenant à grands pas.*) Certain avait-il l'air à son aise avec le secrétaire général?

BOISSEL.

Comme ça, monsieur.

ROYER.

Que lui disait-il?

BOISSEL.

Ah! je n'ai pas pu entendre. (*Avec intention.*) Mais j'ai bien regretté que vous ne fussiez pas là.

ROYER, vivement.

Pourquoi? Est-ce que vous pensez qu'il se soit passé quelque chose?

BOISSEL.

Non, monsieur; mais c'est que j'aurais fait ma demande d'augmentation, et j'ose croire que vous n'auriez pas dédaigné de l'appuyer. C'est bien de l'indiscrétion à moi; mais puis-je espérer.....

ROYER.

Ah! mon pauvre Boissel, j'ai si peu le cœur à m'occuper d'affaires de bureaux. — Je vous laisse; je vous empêche de travailler; je vais tâcher de dormir un peu; toute la nuit dernière j'ai été sur pied, et j'ai un fils pour lequel il faut me conserver.

(*Il sort.*)

SCÈNE III.

(MARDI MIDI.) — La cour de la maison mortuaire.

ERNEST ROYER *à une fenêtre, son chapeau sur la tête.*

ERNEST.

Eh! dis-donc, Charles? bonjour!

CHARLES, *paraissant à une fenêtre en face.*

Tiens! t'es donc pas à ta pension?

ERNEST.

Non.

CHARLES.

Pourquoi donc?

ERNEST.

Je vais à l'enterrement de maman. Il s'ra j'ment beau, va; y aura trois voitures noires; je serai dans une.

CHARLES.

Oh! je voudrais-t'y y aller avec toi.

ERNEST.

Tu ne peux pas, tu n'es pas invité; si tu savais tout c'monde qu'il y a dans le salon!

CHARLES.

Mais, dis-donc, tu ne pleures pas?

ERNEST.

J'peux pas; j'ai pas envie.

CHARLES.

Moi j'ai j'ment pleuré quand ma grand'maman est morte.

ERNEST.

Elle t'grondait toujours.

CHARLES.

Je sais bien; mais papa et maman pleuraient, moi je pleurais aussi.

ERNEST.

Oh bien oui ! mais papa ne pleure pas.

CHARLES.

Dis-donc : en revenant, tu viendras jouer ?

ERNEST.

Si ma bonne veut.

CHARLES.

Nous jouerons à la garde nationale.

ERNEST.

Oui ; mais alors je veux être Lafayette.

CHARLES.

Tu le seras : moi je serai artilleur.

ERNEST.

Nous ferons l'émeute.

CHARLES.

Ça y est.

ERNEST.

Otons-nous de la fenêtre, voilà un croque-mort qui se promène dans la cour; ma bonne m'a dit que ces hommes-là étaient très-méchans.

SCÈNE IV.

(MIDI ET DEMI.)

MARGUERITE, *cuisinière de M. Royer*, PICARD, dit Cœur-Volant, *croque-mort*.

PICARD, *s'approchant de la porte de la cuisine.*

Vous effondrez là, mademoiselle, une bien belle volaille ; combien ça peut-il revenir une pièce comme ça ?

MARGUERITE.

3 francs 10 sous, 4 francs.

PICARD.

Je vous demande ça, parce que dernièrement, à un repas de corps que nous fîmes, on nous compta une poularde beaucoup moins belle que celle-ci au prix de 6 francs.

MARGUERITE.

Oh! par exemple, on vous a joliment écorchés !

PICARD.

Eh bien! voyez, ma femme me soutenait que non.

MARGUERITE.

Votre femme? Vous êtes donc marié?

PICARD.

Comment donc? mais sans doute; ça vous étonne?

MARGUERITE.

Dam! il me semblait que vous deviez-t'-être célibataire.

PICARD.

Le monde est drôle : mais nous sommes presque tous mariés. Tel que vous me voyez, j'en suis à ma seconde femme; une grosse mère, bien fraîche, bien réjouie, qui tient une jolie boutique de fruiterie près de la Halle, et qui avait plus d'un soupirant encore. Mais je n'ai eu qu'à me présenter pour obtenir la préférence.

MARGUERITE.

Ça vous rapporte donc bien votre place?

PICARD.

Ce n'est pas l'intérêt qui l'a décidée; c'est mon humeur, mon caractère franc et gai, mon physique: ensuite l'état n'est pas mauvais; — d'abord, nous, nous ne connaissons pas de morte saison.

MARGUERITE.

Ah! bien, dans nos pays c'est rien du tout que les *sacquards* (¹).

PICARD.

Je crois bien. (*Avec importance.*) On porte à bras chez vous?

MARGUERITE.

Oui, monsieur.

PICARD.

C'est ça; mais ici vous voyez que nous sommes sur

(¹) Nom des croque-morts en Bourgogne.

un autre pied. Les plus pauvres gens ne meurent qu'en voiture. Si je vous disais que ce convoi-là va coûter plus de 25 louis à la famille de la défunte !

MARGUERITE.

Comment ! 25 louis pour enterrer madame ?

PICARD.

Ah ! c'était votre maîtresse ? Je parie que vous ne la regrettez pas ?

MARGUERITE.

Ma foi, pas trop.

PICARD.

Il paraît qu'elle n'était pas commode ?

MARGUERITE.

Oh ! d'abord, avant sa maladie, elle était très-regardante sur la dépense; et puis, après ça, depuis qu'elle était indisposée, fallait faire trente-six tisanes, se relever la nuit.

PICARD.

Ces malades sont si exigeans !

MARGUERITE.

Avec ça que la femme de chambre est très-paresseuse, tout me retombait sur les bras.

PICARD.

Il y a seulement huit jours, j'aurais pu vous indiquer une bien excellente place! une très-forte maison!

MARGUERITE.

Je ne quitterais toujours pas, maintenant, parce que un homme seul, je veux voir, ça peut devenir bon, et puis il va nous faire faire, à la femme de chambre et à moi, chacune deux robes pour deuil.

PICARD.

Alors, il ne serait pas délicat de sortir maintenant.

UNE VOIX.

Picard, ohé! Picard!

PICARD.

Pardon, mademoiselle, voilà qu'on enlève le corps,

il faut que j'aille donner un coup de main. Au plaisir de vous revoir.

(*Il sort.*)

MARGUERITE.

Bonjour, monsieur. Il est aimable!

SCÈNE V.

(TROIS HEURES APRÈS MIDI.) — L'intérieur d'une voiture de deuil.

LE BEAU-FRÈRE DE LA DÉFUNTE, SON COUSIN, DEUX ÉTRANGERS.

LE BEAU-FRÈRE.

Elle devait avoir de trente à trente-deux ans.

PREMIER ÉTRANGER.

C'est bien cela, l'âge critique pour les poitrinaires.

DEUXIÈME ÉTRANGER.

Monsieur, sans indiscrétion, qu'avait-elle apporté en dot à Royer?

LE BEAU-FRÈRE.

60,000 francs.

DEUXIÈME ÉTRANGER.

J'aurais cru que c'était davantage. Mais, est-ce qu'il ne va pas être forcé de restituer cette somme?

LE BEAU-FRÈRE.

Du tout, monsieur, du tout; il y a un enfant.

DEUXIÈME ÉTRANGER.

Ah! fort bien.

(*Moment de silence.*)

PREMIER ÉTRANGER.

Ce sont toujours de fort tristes cérémonies que celles auxquelles nous allons assister.

LE BEAU-FRÈRE.

Sans doute.

PREMIER ÉTRANGER.

Avec ça, moi, qui vais immensément dans le monde, je connais tout Paris. En sorte que continuellement je me vois forcé de remplir de ces sortes de devoirs, qui sont très-pénibles.

LE COUSIN.

Mais en effet, monsieur, j'ai eu l'honneur de vous rencontrer dans plusieurs maisons, à ce qu'il me semble.

PREMIER ÉTRANGER.

Cela est possible; je vais partout.

LE COUSIN.

Par exemple! l'autre semaine n'ai-je pas eu l'honneur de dîner avec vous chez Mme d'Angremont?

PREMIER ÉTRANGER.

En effet, monsieur, j'y étais. Un dîner bien remarquable!

LE COUSIN.

Ah! tout-à-fait. Des truffes à profusion, des vins,

tout ce qu'il y a de mieux; et puis, une maîtresse de maison faisant ses honneurs!...

PREMIER ÉTRANGER.

Admirablement.

LE COUSIN.

Monsieur, autant que je me rappelle, vous n'êtes pas resté la soirée?

PREMIER ÉTRANGER.

Non, monsieur; ma femme était à l'Opéra, et je fus la chercher.

LE COUSIN.

Vous avez beaucoup perdu : il y avait immensément de jolies femmes : on a joué un proverbe de Théodore Leclercq; Mme d'Angremont y a été charmante.

LE BEAU-FRÈRE.

C'est un homme qui a bien de l'esprit, ce Théodore Leclercq!

PREMIER ÉTRANGER.

Excessivement d'esprit, monsieur; et puis véritablement une gaieté, — à faire rire des morts.

DEUXIÈME ÉTRANGER.

Nous voilà, je crois, au cimetière.

LE COUSIN.

Oui, où par parenthèse nous allons avoir de la boue jusqu'à la cheville.

LE BEAU-FRÈRE, au cousin.

Ah çà ! Adolphe, ne nous perdons pas. Tu sais que nous avons un rendez-vous chez Véry à six heures moins un quart. Les voitures vous ramenant chez vous, nous nous ferons jeter par le cocher au Perron.

(*Ils sortent de la voiture et entrent au cimetière.*)

SCÈNE VI.

(MARDI, SEPT HEURES.) — Un salon de restaurateur.

ROYER.

Garçon, la carte et un bol.

LE GARÇON.

V'là, m'sieur. (*Dictant, au comptoir.*) Bouteille de bordeaux, julienne, filet sauté aux truffes, saumon sauce câpres, pâté de foie gras, cardons au jus, salade, gelée d'orange, café. (*Apportant la carte.*) V'là, m'sieur.

ROYER, à part.

Ce restaurant n'est pas mauvais. — Mon chapeau, garçon.

(*Il sort.*)

SCÈNE VII.

(MARDI, HUIT HEURES). — Un salon.

Mme SAINT-LÉON, GUSTAVE.

MADAME SAINT-LÉON.

Mon Dieu, tu sais bien, Gustave, que je t'aime et que j'aime le spectacle; mais je ne puis pas y aller ce soir : il viendra, j'en suis sûre.

GUSTAVE.

Allons donc, aujourd'hui qu'il a enterré sa femme?

MADAME SAINT-LÉON.

Raison de plus, puisqu'il vient tous les soirs. Aujourd'hui il aura besoin de se distraire, alors il me tombera sur les bras.

GUSTAVE, d'un air boudeur.

C'est bien gai?

MADAME SAINT-LÉON.

Il me semble, monsieur, que je suis ici la première victime; vous n'avez pas de raison.

GUSTAVE.

Mais au moins tâche d'être libre pour notre partie de campagne.

MADAME SAINT-LÉON.

Sois tranquille.

JULIE, accourant.

Vite, vite, monsieur Gustave, partez; voilà monsieur qui est en bas.

MADAME SAINT-LÉON.

Là, qu'est-ce que je te disais?

GUSTAVE, prenant son chapeau.

Le ciel le confonde. Je vais monter un étage, j'aurai l'air de venir du troisième. A demain.

(*Il sort.*)

MADAME SAINT-LÉON, arrangeant ses cheveux et ajustant sa collerette

Cela va faire une petite soirée bien amusante! Il faudra qu'il la paie. Il a eu l'air de ne pas m'entendre l'autre jour, mais je vais aujourd'hui, positivement, lui demander le cachemire de sa femme.

SCÈNE VIII.

(HUIT HEURES UN QUART.)

Mme SAINT-LÉON, ROYER, *d'un front soucieux*.

MADAME SAINT-LÉON, d'un air affectueux.

Ah! vous voilà, mon ami; j'avais peur que vous

ne vinssiez pas ce soir; je n'ai fait que penser à vous toute la matinée. Vous avez dû être bien ennuyé ! Comment allez-vous ?

ROYER, avec un soupir.

Je suis tout malingre.

MADAME SAINT-LÉON.

Je conçois cela. (*Avec hésitation.*) Est-ce que vous avez été au cimetière ?

ROYER.

Non, ce n'est pas l'usage... J'ai été à mon bureau.

MADAME SAINT-LÉON.

Comment, aujourd'hui ?

ROYER.

Oui, ils sont là deux ou trois intrigans toujours prêts, quand on s'absente, à entamer votre position; d'ailleurs j'avais un travail pressé qui ne pouvait guère se remettre, une circulaire très-délicate sur l'enseignement primaire. Eh bien ! je m'en suis encore tiré; je crois qu'elle sera remarquée; je vous l'apporterai demain soir dans *le Messager*.

MADAME SAINT-LÉON.

Je la lirai avec plaisir. (*A part.*) Avec beaucoup de plaisir.

(*Moment de silence.*)

ROYER.

Voulez-vous sonner Julie, qu'elle m'apporte un peu de rhum; j'ai mal à l'estomac.

MADAME SAINT-LÉON.

La cave est sur la console. — Vous n'avez peut-être pas dîné?

ROYER.

Si fait; j'ai essayé de manger quelques cuillerées de potage et une aile de volaille, ça ne m'a pas passé. (*Il boit un verre de rhum.*) — Le ministre a été fort content de mon dernier rapport.

MADAME SAINT-LÉON.

Ah!

ROYER.

Il en a fait presque tout l'exposé des motifs de son projet de loi.

MADAME SAINT-LÉON.

C'est très-affable. — (*Moment de silence.*) J'ai vu Mme Saint-Phal aujourd'hui, elle m'a fort demandé de vos nouvelles.

ROYER.

A propos, je l'ai rencontrée l'autre soir, elle ne m'a pas vu; elle était avec un grand jeune homme blond.

MADAME SAINT-LÉON.

Ah! tout de suite de mauvaises idées!

ROYER.

Non; mais cette femme-là est très-légère, et je ne me soucie pas que vous la voyiez beaucoup.

MADAME SAINT-LÉON.

Mon Dieu! je ne la reçois presque jamais. Elle est venue aujourd'hui, parce qu'elle avait un grand bonheur à me conter.

ROYER.

Qu'est-ce que c'est que ce bonheur?

MADAME SAINT-LÉON.

Ah! mon Dieu, elle venait me dire que le général était en marché de quelque chose pour elle qu'elle désirait depuis long-temps.

ROYER.

Quelque chose qu'elle désirait depuis long-temps?

MADAME SAINT-LÉON, négligemment.

Oui, un châle! — un cachemire!

ROYER.

Ah!

MADAME SAINT-LÉON.

Du reste, ce n'est pas un cachemire neuf, c'est une Anglaise qui veut se défaire d'un.

ROYER.

Vos lampes vont bien mal, ma chère!

MADAME SAINT-LÉON.

Mais non, c'est que la mèche n'est pas assez levée. — Il paraît que cette Anglaise en a six.

ROYER.

Eh bien! je suis sûr qu'elle ne les met pas.

MADAME SAINT-LÉON.

C'est possible, lorsqu'on en a tant; mais celles qui n'en ont qu'un...

ROYER.

S'en lassent tout aussi bien !

MADAME SAINT-LÉON.

Mais, mon ami, il faut toujours un châle.

ROYER.

Sans doute; mais les châles français, comme celui que je vous ai donné, valent bien les châles étrangers, dont les dessins sont horribles. Dailleurs, qu'est-ce que ça prouve, un cachemire?

MADAME SAINT-LÉON.

Qu'est-ce que prouve la croix de la légion-d'honneur que vous voulez tous avoir? Jouissance d'amour-propre; au moins on n'a pas l'air d'une grisette.

ROYER.

On peut très-bien avoir l'air distingué sans cela.

MADAME SAINT-LÉON.

Alors pourquoi en aviez-vous acheté un des Indes à votre femme?

ROYER.

Parce qu'avec la dot qu'elle m'apportait, j'étais tenu à une corbeille convenable, et que dans une corbeille convenable il y a toujours au moins quelques diamans et un cachemire.

MADAME SAINT-LÉON.

Je suis sûre qu'elle le portait, elle!

ROYER.

Très-peu.

MADAME SAINT-LÉON.

Tant pis; parce que s'il avait été un peu fané, je vous l'aurais repris.

ROYER.

Je ne vous l'aurais pas vendu.

MADAME SAINT-LÉON, souriant.

Vous aimeriez mieux me le donner?

ROYER.

Pas davantage!

MADAME SAINT-LÉON.

Qu'est-ce que vous comptez donc en faire?

ROYER.

Rien; mais il n'est pas convenable qu'une chose que ma femme a portée.....

MADAME SAINT-LÉON, avec ironie.

Passe aux mains de la femme que vous aimez?

ROYER.

Je ne dis pas cela.

MADAME SAINT-LÉON.

Mon Dieu si, monsieur, c'est votre pensée, et c'est précisément pour cela que j'avais envie de ce châle. Je voulais voir si vous ne mettiez pas de différence entre votre femme et moi, si vous me croyez digne des mêmes égards que vous aviez pour elle.....

ROYER.

Pourquoi ne me demandez-vous pas aussi ses diamans?

MADAME SAINT-LÉON, avec dignité.

Des diamans, monsieur, sont comme de l'argent; ils ont une valeur réelle, tandis qu'un objet de toilette, qui a été porté.....

ROYER.

Sais-tu que tu plaides bien?

MADAME SAINT-LÉON.

Eh bien! écoute, Alfred, prête-le-moi pour quelques mois; je te le rendrai après. (*S'approchant de lui, et arrangeant le nœud de sa cravate.*) Si tu savais, ça m'irait si bien!

ROYER.

Non, je le donnerai à ma belle-sœur.

MADAME SAINT-LÉON, allant s'asseoir sur un sofa à l'autre bout du salon.

C'est vrai, ce sera plus convenable.

ROYER.

Tu vas bouder?

MADAME SAINT-LÉON.

Non, monsieur; vous êtes bien libre de me préférer les personnes de votre famille.

ROYER.

Allons! des folies maintenant.

MADAME SAINT-LÉON.

J'ai un malheur; je ne sais pas, comme Mme Saint-Phal, donner des inquiétudes. Ce sont celles-là qu'on aime!

ROYER, assis auprès d'elle.

Voyons, Irma, ne pleure pas, et embrasse-moi.

MADAME SAINT-LÉON.

Non, monsieur.

ROYER.

Comment tu ne veux pas m'embrasser, moi qui suis aujourd'hui si triste, si à plaindre? Voyons, nous arrangerons tout cela.

MADAME SAINT-LÉON.

Nous n'arrangerons rien, car je ne veux rien de vous.

ROYER.

Irma !

MADAME SAINT-LÉON, le repoussant.

Laissez-moi, monsieur.

ROYER.

Ma petite Irma!

MADAME SAINT-LÉON.

Du tout, monsieur; non, je ne veux pas; laissez-moi.

. . . .

SCÈNE IX.

(NEUF HEURES.)—L'atelier de M. Sagot, marbrier près le cimetière Mont-Parnasse.

MADAME SAGOT.

Tenez, Jean, voilà une épitaphe qu'il faudra graver le plus tôt possible sur cette pierre-là. On a bien recommandé de ne pas faire attendre.

JEAN, lisant.

Ci-gît Jeanne-Marie Perrault, femme de M. Royer, chef de division aux affaires ecclésiastiques, officier de la Légion-d'Honneur, morte à l'âge de trente-deux ans. Elle fut bonne mère, bonne épouse. Son époux et son fils inconsolables lui ont élevé ce monument.

De profundis.

C'est bien, madame, je ferai ça demain.

MADAME SAGOT.

Dès que vous aurez fini votre pierre, vous irez la

poser, et vous mettrez au-dessus une couronne d'immortelles.

JEAN.

Oui, madame; bonsoir.

MADAME SAGOT.

Bonsoir, Jean.

SCÈNE X.

(NEUF HEURES UNE MINUTE.) — Le salon de Mme Saint-Léon.

MADAME SAINT-LÉON, arrangeant ses cheveux et ajustant sa collerette.

Vous êtes insupportable. — Eh bien! vous vous en allez?

ROYER.

Oui, je suis fatigué; j'ai eu tant d'émotions aujourd'hui! J'ai besoin de repos. Je vous apporterai le châle demain; mais vous ne le mettrez pas de quelque temps. Qu'on n'aille pas le reconnaître sur vos épaules.

MADAME SAINT-LÉON.

Oui, mon ami.

ROYER.

Adieu, petite.

MADAME SAINT-LÉON.

Vous ne m'embrassez pas? (*Il l'embrasse et sort.*)

SCÈNE XI.

(NEUF HEURES CINQ MINUTES.)

MADAME SAINT-LÉON.

Julie, Julie, je l'aurai demain.

JULIE.

Quoi donc, madame?

MADAME SAINT-LÉON.

Le cachemire.

JULIE, se jetant à son cou.

Oh! madame, que je suis contente! Comme ça va vous aller!

MADAME SAINT-LÉON.

Tu n'as qu'à aller chercher demain mon petit châle rayé, chez le dégraisseur ; je te le donne.

JULIE.

Que vous êtes bonne; mais c'est le cachemire que je voudrais vous voir.

MADAME SAINT-LÉON.

Dis donc? Mme Saint-Phal qui n'a jamais pu en avoir un, depuis deux ans qu'elle intrigue auprès du général.

JULIE.

Elle va être désolée.

MADAME SAINT-LÉON.

Tu ne sais pas? j'ai une idée. Il est de très-bonne heure encore; si nous allions chez elle pour lui conter la nouvelle?

JULIE.

Ah! oui, madame; il y a de quoi l'empêcher de dormir cette nuit.

MADAME SAINT-LÉON.

Eh bien! cours t'arranger; moi je vais mettre mon chapeau.

(*Elles sortent toutes deux.*)

SCÈNE XII.

(MARDI SOIR, DIX HEURES.)—La chambre à coucher de Royer. Sur un panneau auprès de la cheminée le portrait de sa femme.

ROYER, COIFFÉ DE NUIT, EN CALEÇON, PRÊT A SE METTRE AU LIT; MARGUERITE.

ROYER.

...Comme du temps de ma femme, un livre de compte

que j'arrêterai. — Avez-vous eu le soin de mettre le lit à l'air ?

MARGUERITE.

Oui, monsieur ; il y est resté toute la journée.

ROYER.

Il ne faudrait pas le laisser cette nuit, il n'y aurait qu'à pleuvoir.

MARGUERITE.

Je l'ai ôté, monsieur.

ROYER, prenant sa montre pour la monter.

Quelle heure est-il à la pendule ?

MARGUERITE.

Il est, il est.... Elle est arrêtée.

ROYER.

C'est juste ; dans tout ce tracas d'hier j'ai oublié de la monter. Voyez l'heure qu'il est au salon.

MARGUERITE.

Dix heures dix minutes.

ROYER, *près de la pendule*.

Voyons, tenez la cage, et prenez garde de la laisser tomber.

(*Il monte la pendule, et fait sonner les heures.*)

MARGUERITE.

Ah! mon Dieu, que j'ai eu peur!

ROYER.

Qu'est-ce que c'est donc?

MARGUERITE.

C'est le portrait de madame; imaginez-vous, monsieur, il m'a semblé qu'il me regardait.

ROYER.

Allons, sotte que vous êtes. — Vous dites qu'il était dix heures....

MARGUERITE.

Dix minutes, monsieur.

ROYER.

Mettons dix minutes et demie. — Donnez-moi la cage. — Là; je suis bien aise d'avoir fait cette opération; je n'aime pas à ne point entendre sonner l'heure la nuit quand je me réveille.

MARGUERITE.

Monsieur n'a plus rien à me commander?

ROYER.

Non. (*La rappelant.*) Ayez-moi demain des sardines fraîches pour mon déjeuner, et réveillez-moi à huit heures.

MARGUERITE.

Oui, monsieur. — Monsieur, je voulais vous dire pour la couturière.......

ROYER.

C'est bien, c'est bien, nous reparlerons de ça. Bonsoir.

(*Marguerite sort.*)

ROYER lisant le journal du soir.

Diable! la loi a passé à une grande majorité : allons,

bravo, monsieur le ministre; avec votre permission, je m'en vais remettre la lecture de notre discours à demain; je tombe de sommeil.

(*Il éteint sa bougie et s'endort.*)

LE MINISTÈRE PUBLIC.

LE MINISTÈRE PUBLIC.

Le Français né malin créa la guillotine.

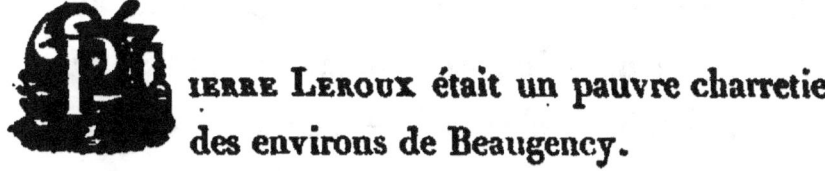ierre Leroux était un pauvre charretier des environs de Beaugency.

Après avoir passé sa journée à conduire à travers les champs les trois chevaux qui formaient l'attelage ordinaire de sa charrette, quand venait le soir, il rentrait à la ferme où il servait, soupait sans grandes paroles avec les autres valets, allumait une lanterne, puis allait se coucher dans une manière de soupente pratiquée en un coin de l'écurie.

Ses rêves en général étaient peu compliqués et sans grande couleur; ses chevaux, la plupart du temps, en faisaient tous les frais. Une fois il se réveillait en sursaut au milieu des efforts qu'il faisait pour relever le limonier qui s'était abattu; une autre fois *la Grise* s'était pris les pieds dans la corde de l'attelage. Une nuit il songea qu'il venait de mettre à son fouet une belle mèche toute neuve, et que son fouet refusait obstinément de claquer; cette vision l'émut si fort, qu'étant venu à se réveiller, il saisit celui qu'il avait l'habitude de placer chaque soir à côté de lui, et pour bien s'assurer qu'il n'était pas frappé d'impuissance et privé de la plus belle prérogative qui appartienne au charretier, il se mit à le faire résonner au milieu du silence. A ce bruit, la chambrée entière fut en émoi, les chevaux effrayés se levèrent en confusion, se ruèrent en hennissant les uns sur les autres, et manquèrent de briser leurs longes; mais avec quelques paroles calmantes, Pierre Leroux apaisa tout ce tumulte, et chacun se rendormit; c'était là un des événemens marquans de sa vie qu'il ne manquait guère de raconter chaque fois qu'un verre de vin l'avait mis en éloquence, et qu'il se trouvait là un auditeur en humeur de l'écouter.

Dans le même temps, des rêves d'une tout autre forme préoccupaient M. Desalleux, substitut du procureur général près la cour criminelle d'Orléans. Ayant débuté avec éclat dans les fonctions du ministère public quelque mois avant l'époque dont nous parlons, il n'était pas de haute position de la magistrature à laquelle il ne se crût appelé, et la simarre du garde-des-sceaux était une des visions courantes de ses nuits. Mais c'était surtout pour les enivremens des triomphes oratoires que sa pensée veillait durant le sommeil, lorsqu'une journée entière avait été par lui courageusement dépensée aux études mortellement graves du barreau. La gloire des d'Aguesseau, celle des autres grandes renommées des beaux temps de la magistrature parlementaire, ne suffisait pas aux étreintes de son impatient avenir; c'était jusque dans le passé le plus lointain, jusqu'aux temps des merveilles de l'éloquence de Démosthènes, que son ame s'élançait; pouvoir par la parole, c'était là l'espérance, le résumé pour ainsi dire du vouloir de toute sa vie, concentrée dans cette passion, et s'étant deshéritée pour elle de tous les plaisirs, de toutes les pensées de la jeunesse.

Un jour ces deux natures, celle de Pierre Leroux s'élevant d'un degré à peine au-dessus de la portée de la brute, et celle de M. Desalleux, abstraite et rectifiée jusqu'au spiritualisme de la plus haute pression, se trouvèrent face à face. Il s'agissait entre eux d'un mince débat : M. Desalleux, siégeant en son tribunal, demandait sur quelques indices assez insignifians la tête de Pierre Leroux accusé d'un meurtre, et Pierre Leroux défendait sa tête contre les empressemens de M. Desalleux.

Malgré la remarquable disproportion de forces que la Providence avait mise dans ce duel entre les deux combattans, malgré l'intervention de l'institution humaine, venant encore déranger la juste répartition des chances dans le pair ou non qu'allait prononcer le jury; faute de preuves concluantes, l'accusé, selon toute apparence, aurait échappé aux mains du bourreau; mais de cette indigence même de l'accusation résultait pour elle l'occasion de faire un placement extraordinaire d'éloquence, lequel devait devenir singulièrement utile à la réalisation des belles espérances de M. Desalleux. En bon administrateur de son avenir, il ne pouvait guère prendre sur lui de ne point en profiter.

Après cela, une circonstance fâcheuse se présentait pour le pauvre Pierre Leroux. Quelques jours avant le commencement du procès, en présence de plusieurs femmes aimables qui se faisaient fête d'y assister, le jeune substitut avait laissé entrevoir la ferme confiance d'obtenir du jury un verdict de condamnation; il n'est personne qui ne comprenne la situation fausse dans laquelle il allait se trouver si cette condamnation lui manquait, et si Pierre Leroux, demeurant intact, venait la tête sur ses épaules donner un démenti à l'omnipotence de sa parole accusatrice. Aussi ne le blâmez pas, l'officier du ministère public; s'il ne fut pas absolument convaincu, il n'en eut que plus de mérite à le paraître, que plus de mérite à se montrer éloquent, comme depuis plus d'un siècle on ne l'avait point été au barreau d'Orléans. Oh! que n'étiez-vous là pour voir comme ils furent émus ces pauvres messieurs les jurés, jusqu'au plus profond de leurs entrailles, quand, dans une belle péroraison sonore, on leur fit l'effrayant tableau de la société ébranlée jusque dans ses fondemens, de la société prête à entrer en dissolution, le cas échéant de l'acquittement de Pierre Leroux! Que n'assistiez-vous aux courtois éloges échangés entre la défense et l'accusation, quand l'avocat de l'accusé, prenant la parole, commença par déclarer qu'il ne pouvait se dispenser de rendre hommage au brillant talent oratoire déployé par le ministère public! Que n'entendiez-vous le président de la cour faisant des mêmes félicitations le texte de son exorde, si bien que rien ne vous aurait défendu de croire qu'il s'agissait académiquement de décerner un prix d'éloquence, et point du tout d'ôter la vie à un homme! Vous auriez pu voir aussi au milieu d'une foule de *dames élégamment parées,* comme dit un récit de journal, la sœur de M. Desalleux recevant les complimens de toutes les femmes de sa société, tandis qu'un peu plus loin son vieux père pleurait de bonheur en voyant le fils et l'orateur incomparable qu'il avait mis au monde.

Six semaines environ après toute cette joie de famille, Pierre Leroux monta avec l'exécuteur des hautes-œuvres sur une charrette qui l'attendait à la porte de la prison criminelle d'Orléans. Ils se rendirent ensemble à la place du Martroie, qui est le lieu où se font les exécutions; ils y trouvèrent un échafaud qui avait été dressé pour eux, et beaucoup de monde qui les attendait. Pierre Leroux, avec la résignation que met à Paris un sac de farine à se hisser, au moyen d'une poulie, dans le grenier d'un boulanger, monta l'escalier de l'échafaud. Comme il arrivait aux derniers degrés, un rayon de soleil, qui se jouait sur l'acier brillant et poli du glaive de la justice, lui donna dans les yeux, il parut prêt à chanceler; mais l'exécuteur, avec le courtois empressement d'un hôte qui sait faire les honneurs de chez lui, le soutint par-dessous les bras, et le posa sur le plancher de la guillotine; là Pierre Leroux trouva M. le greffier criminel qui était venu pour formuler le procès-verbal de l'exécution, MM. les gendarmes chargés de veiller à ce que l'ordre public ne fût pas troublé dans le compte qu'il allait régler, et MM. les valets du bourreau, qui, loin de justifier le proverbe dont ils sont l'objet, lui montrèrent avec une complaisance pleine d'égards comment il devait se placer sous le couteau. Une minute après, Pierre Leroux fit divorce avec sa tête; cela fut pratiqué avec une telle dextérité que plusieurs de ceux qui étaient venus pour assister à un spectacle furent obligés de demander à leurs voisins si la chose était déjà faite, et alors ils jurèrent bien qu'on ne les prendrait plus à se déranger pour si peu.

Trois mois s'étaient écoulés depuis que la tête et le corps de Pierre Leroux avaient été jetés dans un coin du cimetière, et, selon toute apparence, la fosse ne recélait plus que ses ossemens, quand une nouvelle session des assises s'étant ouverte, M. Desalleux eut encore à soutenir une accusation capitale.

Le veille du jour où il devait porter la parole, il quitta de bonne heure un bal auquel il avait été invité avec toute sa famille, dans un château des environs, et revint seul à la ville, afin de préparer sa cause pour le lendemain.

La nuit était sombre; un vent chaud du midi sifflait tristement dans la plaine, cependant que les bourdonnemens de la fête dansaient encore à son oreille. Aussi il ne tarda pas à être saisi d'une grande mélancolie. Le souvenir de bien des gens qu'il avait connus, et qui étaient morts, lui revenait; et, sans trop savoir pourquoi, il se mit à songer à Pierre Leroux.

Néanmoins, quand il approcha de la ville, et que les premières lumières du faubourg commencèrent à briller, toutes ces sombres idées s'évanouirent ; et quand il fut une fois devant son bureau, entouré de ses livres et de ses procédures, il ne pensa plus qu'à son plaidoyer, qu'il aurait voulu faire plus éloquent qu'aucun de ceux qu'il avait encore prononcés.

Déjà son système d'accusation était à peu près arrangé. Pour le remarquer en passant, c'est chose assez étrange que l'on puisse dire en langage social un système d'accusation, c'est-à-dire une manière absolue de grouper un ensemble de faits et de preuves en vertu duquel on s'approprie la tête d'un homme, comme on dit un système de philosophie, c'est-à-dire un ensemble de raisonnemens ou de sophismes à l'aide duquel on fait triompher quelque innocente vérité, théorie ou rêverie morale. — Son système d'accusation commençait donc à venir à bien, quand la déposition d'un témoin, qu'il n'avait pas encore examinée, se présenta à lui sous un aspect à renverser tout l'édifice de sa certitude. Il eut bien quelques momens d'hésitation, mais, ainsi que nous l'avons vu, M. Desalleux, dans ses fonctions du ministère public, comptait pour le moins aussi souvent avec son amour-propre qu'avec sa conscience. Appelant à lui toute sa puissance de logique et toutes les roueries de la parole, se prenant corps à corps avec ce malencontreux témoignage, il ne désespéra pas de l'enrégimenter au nombre de ses meilleurs argumens; seulement le travail était pénible, et la nuit s'avançait.

Trois heures venaient de sonner, et les bougies placées sur son bureau, prêtes à s'éteindre, ne jetaient plus qu'une pâle lueur.

Après les avoir renouvelées, comme le travail l'avait fortement échauffé, il fit quelques tours dans la chambre, vint se rasseoir dans son fauteuil, sur le dos duquel il se renversa, puis, dans cette attitude, suspendant sa pensée, à travers une fenêtre placée vis-à-vis de lui, il contemplait les étoiles qui brillaient dans le ciel. Tout à coup ses yeux, en descendant le long du vitrage, rencontrèrent deux yeux fixes qui le regardaient; il crut que le reflet de ses bougies, en se jouant sur le verre, lui produisait cette vision, et il les changea de place; mais la vision ne lui apparut que plus distincte. Comme il ne manquait point de cœur, s'armant d'une canne, la seule arme qu'il eût sous la main, il alla ouvrir sa croisée, pour voir quel était l'indiscret qui venait ainsi l'observer à une pareille heure. La chambre qu'il occupait était élevée de plusieurs étages; au-dessus et au-dessous de lui, le mur était à pic et ne présentait aucun accident au moyen duquel on pût descendre ou monter; dans l'espace étroit qui régnait entre la fenêtre et le balcon, aucun objet ne pouvait se dérober à son regard, et cependant il ne vit rien. Il pensa de nouveau qu'il avait été en proie à une de ces fantaisies qu'enfante l'erreur des sens durant la nuit, et il se remit en riant à son travail. Mais il n'avait pas écrit vingt lignes que, dans un coin obscur de sa chambre, il entendit remuer quelque chose: cela commença à l'émouvoir, car il n'était pas naturel que ses sens ainsi l'un après l'autre conspirassent pour le tromper. Ayant regardé cette fois avec attention pour découvrir d'où venait ce frôlement, il vit un objet noirâtre, qui s'avançait en sautillant par bonds inégaux, comme aurait fait une pie. A mesure que l'apparition se rapprochait de lui, son aspect devenait de plus en plus hideux, car elle prenait, à ne pas s'y méprendre, la forme d'une tête humaine séparée du tronc, et dégouttante de sang; et quand, par un lourd élan, elle vint s'abattre entre ses deux bougies, sur les papiers épars de son dossier, M. Desalleux reconnut les traits de Pierre Leroux, qui sans doute était venu pour lui apprendre que dans un magistrat conscience vaut mieux qu'éloquence. Succombant sous une indicible impression de terreur, il s'évanouit; le lendemain, on le trouva étendu sans connaissance au milieu de ce sang, qui avait coulé dans la chambre, sur son bureau, et jusque sur les feuilles de son plaidoyer; on pensa, et il n'eut garde de dire le contraire, qu'il avait été surpris par une hémorrhagie. Il est inutile d'ajouter qu'il ne fut pas en état de porter la parole, et que tous ses préparatifs oratoires furent perdus.

Bien des jours se passèrent avant que le souvenir de cette terrible nuit sortît de sa mémoire, bien des jours avant qu'il pût supporter sans terreur les ténèbres et la solitude. Au bout de quelques mois cependant, l'apparition ne s'étant pas renouvelée, l'orgueil de l'esprit commença à contre-balancer le témoignage des sens, et il se demanda de nouveau s'il n'avait pas été dupé par eux. Afin de mieux infirmer cette autorité, dont tous ses raisonnemens ne l'affranchissaient pas complétement, il appela à son aide l'opinion de son médecin, en lui faisant la confidence de son aventure. Le docteur, qui, à force de regarder dans les cerveaux sans découvrir la moindre trace de quelque chose qui ressemblât à une ame, était arrivé à une savante conviction de matérialisme, ne manqua pas de rire aux éclats en écoutant le récit de la vision nocturne. C'était peut-être la meilleure manière de guérir son malade; car, de cette façon, en ayant l'air de prendre en dérision sa préoccupation, il forçait, pour ainsi dire, son amour-propre à prendre parti dans la cure. Il ne fut pas d'ailleurs, comme on s'en doute, fort embarrassé d'expliquer à M. Desalleux son hallucination par un excès de tension de la fibre cérébrale, suivie d'une congestion et d'une évacuation sanguine, qui avait fait justement qu'il avait vu ce qu'il n'avait pas vu. Puissamment rassuré par cette consultation, dont aucun accident ne vint contredire la sagesse, M. Desalleux reprit peu à peu sa sérénité d'esprit, et presque toutes ses habitudes; il les modifia seulement en ce sens, qu'il travailla avec une application moins opiniâtre, et se livra par les conseils du docteur à quelques distractions de monde qu'il avait fort évitées jusque là.

Pour un homme d'étude, que sa santé exile dans les salons, la seule manière de rendre sa situation supportable, c'est de l'accepter loyalement et sans nulle réserve; c'est de se faire franchement, quoi qu'il puisse lui en coûter, tout d'abord homme de plaisir. Il y a aux choses que l'on fait avec conscience, même aux moins avenantes, je ne sais quel entraînement et quelle consolation; et puis, après tout, il n'est peut-être pas d'homme d'une nature si complétement supérieure, qu'une occupation à laquelle se plaît ce qu'on appelle la société, c'est-à-dire tout le monde, ne puisse le distraire à son tour, s'il ne prend pas trop conseil de sa morgue intellectuelle.

Employées avec précaution, les femmes, dans ces sortes de cas, peuvent devenir une excellente diversion; et aussi bien que personne, M. Desalleux était en position de s'en assurer; car sans parler de quelques avantages extérieurs, le retentissement de ses succès oratoires, et, peut-être plus encore, le peu d'empressement qu'il montrait pour d'autres succès, l'avaient rendu l'objet de plus d'une fantaisie féminine. Mais il y avait dans la donnée de sa vie quelque chose de trop positif pour qu'il consentît à ce que même l'amour d'une femme y trouvât place sans condition. Entre les cœurs qui paraissaient vouloir se donner à lui, il calcula quel était celui dont la bonne volonté s'escompterait le plus convenablement, sous la forme d'un mariage, en argent, utiles relations et autres avantages sociaux. La première partie de son roman ainsi arrêtée, il vit sans déplaisir que la fiancée qui lui procurerait tout cela était une jeune fille gracieuse, élégante et spirituelle, et alors il se mit à l'aimer de toute la fureur dont il était capable, avec approbation et privilége de ses père et mère, jusqu'à ce que mariage s'ensuivît.

Depuis long-temps Orléans n'avait pas vu une plus jolie fiancée que celle de M. Desalleux; depuis long-temps Orléans n'avait pas vu de famille plus heureuse que celle de M. Desalleux; depuis long-temps Orléans n'avait pas vu un bal de noces aussi joyeux et aussi brillant que celui de M. Desalleux.

Aussi, ce soir-là, pour un moment il avait laissé en paix son avenir, et il vivait dans le présent. Fait prisonnier dans un coin du salon par un plaideur qui avait pris ce temps pour lui recommander un procès, il regardait de temps en temps la pendule qui marquait une heure trois quarts; il avait aussi remarqué que deux fois depuis minuit la mère de la mariée était venue lui parler bas, que celle-ci avait répondu avec un visage boudeur, et qu'elle ne dansait plus que d'un air préoccupé. Tout à coup, à la suite d'une contredanse, il crut s'apercevoir, à un certain chuchotement qui courait dans l'assemblée, qu'il venait de se passer quelque chose. Ayant jeté les yeux, pendant que le plaideur plaidait toujours, sur les places que sa femme et les demoiselles d'honneur avaient occupées pendant toute la soirée, il ne les vit plus. Alors le grave magistrat fit comme tous les autres hommes; faussant tout court compagnie à l'argumentation de son solliciteur, il s'avança, par d'habiles manœuvres, vers la porte de l'appartement, et au moment où des domestiques passaient chargés de rafraîchissemens, il s'esquiva, croyant n'avoir été remarqué par personne; ce qui était une grande prétention, car, depuis le moment où la mariée avait quitté le bal, toutes les demoiselles de dix-huit à vingt-cinq n'avaient plus perdu de vue le marié.

Au moment où il allait entrer dans la chambre nuptiale, il trouva sa belle-mère, qui en sortait avec les dignitaires dont la présence avait été nécessaire au coucher de la mariée, et quelques matrones qui s'étaient jointes d'office au cortége. D'un ton ému, et en lui serrant vivement la main, sa belle-mère lui dit à voix basse quelques paroles; on voyait qu'elle lui recommandait sa fille. M. Desalleux répondit par quelques mots affectueux et par un sourire, et certes à cet instant il ne songeait pas à Pierre Leroux.

Au moment où il ferma la porte de la chambre, sa fiancée était déjà couchée; par un arrangement qui lui parut étrange, les rideaux du lit avaient été tirés sur elle; pas un bruit ne se faisait entendre.

La solennité de ce silence, l'obstacle inattendu de ce rideau, dont l'ouverture allait nécessiter une certaine diplomatie, redoublèrent chez le marié un embarras d'autant plus facile à comprendre qu'il s'était rarement donné l'occasion de s'aguerrir, de manière à mener lestement de pareilles rencontres. Son cœur battait violemment, et un frisson lui courait par tous les membres, en regardant la robe et les parures de noces, jetées autour de lui dans un gracieux désordre. D'une voix mal assurée il appela sa fiancée. N'ayant pas reçu de réponse, il retourna, peut-être pour gagner du temps, vers la porte, s'assura de nouveau qu'elle était bien fermée, puis s'approchant du lit, il écarta doucement le rideau.

A la lumière incertaine de la lampe de nuit qui éclairait la chambre, une singulière vision lui apparut.

Près de sa fiancée, dormant d'un profond sommeil, une chevelure noire, et qui n'était pas celle d'une femme, se dessinait sur la blancheur de l'oreiller, où elle occupait sa place. Etait-il la victime de quelques-unes de ces mystifications destinées à troubler les mystères de la nuit nuptiale? ou bien un audacieux usurpateur était-il venu le détrôner, même avant son couronnement? Dans tous les cas, son substitut prenait assez peu de souci de lui; car, ainsi que sa femme, il était endormi d'un profond sommeil, et avait le visage tourné vers le fond de l'alcôve. Au moment où M. Desalleux se penchait sur le lit pour reconnaître les traits de cet hôte étrange, un long soupir, comme celui d'un homme qui se réveille, traversa le silence; en même temps la face de l'inconnu, se retournant vers lui, lui offrit une épouvantable ressemblance, celle de Pierre Leroux.

En se voyant pour la seconde fois en proie à cette horrible vision, le magistrat aurait dû comprendre qu'il y avait dans sa vie quelque méchante action dont il lui était demandé compte : sa conscience, s'il eût voulu prendre le soin de l'interroger, n'eût point été en peine de lui apprendre quel était son crime; la chose une fois bien expliquée, ce qu'il aurait eu de mieux à faire, c'eût été de se mettre en prières jusqu'au matin, puis, le jour venu, d'aller à sa paroisse faire dire une messe pour le repos de l'ame de Pierre Leroux : au moyen de ces expiations et de quelques aumônes faites aux pauvres prisonniers, peut-être eût-il recouvré le repos de sa vie, et se fût-il pour jamais dérobé à l'obsession dont il était l'objet.

La pensée de sa nuit de noces, qui l'occupait alors, ne lui permit pas de songer à ce pieux recours. Le cœur chaud de désirs, il se sentit le courage d'entrer en lutte ouverte avec le fantôme qui venait lui disputer sa fiancée, et il essaya de le saisir par sa chevelure pour le jeter hors de l'appartement. Au mouvement qu'il fit, la tête ayant compris son intention commença à grincer des dents, et comme il avançait la main sans précaution, elle lui fit une morsure profonde : mais cette blessure augmenta encore la rage du valeureux époux, il regarda autour de lui pour chercher une arme, alla ramasser dans la cheminée la barre de fer qui servait à retenir les tisons, et, en déchargeant de toutes ses forces plusieurs coups sur le lit, il essayait de donner la mort à la mort, et d'écraser son hideux ennemi. Mais les choses se passaient comme aux théâtres de marionnettes en plein vent, où Polichinelle esquive, en faisant le plongeon, les coups de bâton qu'on lui destine. A chaque fois que la barre de fer se levait, la tête faisait adroitement un saut de côté et laissait frapper l'arme à vide. Cela dura quelques minutes jusqu'à ce que, s'élançant par un bond prodigieux par-dessus l'épaule de son adversaire, elle disparut derrière lui, sans qu'il pût la retrouver dans aucun coin de l'appartement et deviner par où elle s'était échappée.

Après une perquisition scrupuleuse, une fois qu'il lui fut prouvé qu'il était bien maître du champ de bataille, il retourna auprès de sa femme qui, pendant le combat, avait miraculeusement continué son sommeil, et, malgré le désordre *de la couche d'hyménée* sur laquelle la tête avait laissé quelques traces sanglantes, il se disposait à en prendre possession; mais, au moment où il soulevait le drap pour se glisser dessous, il s'aperçut avec horreur qu'une vaste mare de sang chaud, conséquence du séjour qu'y avait fait son odieux rival, occupait sa place et baignait les reins de sa fiancée. Plus d'une heure se passa sans qu'il fût parvenu à étancher ce sang, qui, malgré tous ses efforts, ne tarissait point. Un malheur n'arrive jamais seul. En tracassant dans la chambre, il renversa la lampe qui l'éclairait et demeura dans une obscurité qui augmenta son embarras. Cependant la nuit s'écoulait; et, malgré toutes les entraves que le ciel et la terre pourraient y mettre, le magistrat avait juré que son mariage serait consommé! Après avoir étendu sur le drap humide deux ou trois couches de linge sec, qui ne lui paraissaient pas devoir être de long-temps traversées, il se coucha bravement dessus; et, commençant à appeler sa fiancée des noms les plus tendres, il essayait de la réveiller. Celle-ci dormait toujours. Alors il l'attira à lui, l'enlaça dans ses bras et la couvrit de baisers; elle continua son sommeil et parut insensible à toutes ses caresses. Que signifiait cela? était-ce une feinte de jeune fille qui dormait pour n'avoir point à faire les honneurs de sa virginité mourante? Dans cette nuit de sabbat, un sommeil surnaturel s'était-il abattu sur ses yeux? Dans ce moment, le jour devait commencer à poindre; espérant que ses premiers rayons achèveraient de rompre tous les enchantemens odieux auxquels il avait été en proie, M. Desalleux se leva et alla ouvrir les persiennes et les rideaux de ses fenêtres, pour laisser pénétrer dans l'appartement la clarté matinale; alors le malheureux vit pourquoi ce sang ne tarissait point. Emporté par son fougueux courage, dans son duel avec la tête de Pierre Leroux, lorsqu'il croyait frapper sur elle, il avait frappé sur la tête de sa bien-aimée : le coup avait été si rudement porté qu'elle était morte sans même laisser échapper un soupir; et, à l'heure où il la contemplait, son sang n'avait pas encore fini de couler par une profonde ouverture qu'il lui avait faite à la tempe gauche.

Nous laissons aux physiologistes à expliquer ce phénomène : mais en voyant qu'il avait tué sa femme, il fut saisi d'un accès de rire inextinguible, qui durait encore au moment où sa belle-mère vint frapper à la porte de la chambre, pour savoir comment les époux avaient passé la nuit. Son effroyable gaieté redoubla lorsqu'il entendit la voix de la mère de la défunte. Courant lui ouvrir, il la saisit par le bras; et, la traînant en face du lit pour qu'elle contemplât bien ce beau spectacle, il fut atteint d'un redoublement de rire qui ne se calma que quand il vint à haleter sous un hoquet furieux.

Accourus au cri terrible qu'avait jeté la pauvre mère avant de s'évanouir, tous les habitans de la maison furent témoins de cette horrible scène, dont le bruit ne tarda pas à se répandre dans la ville. Le matin même, sur un mandat du procureur-général, M. Desalleux fut conduit dans la prison criminelle d'Orléans, et on a remarqué depuis que la chambre où il fut déposé était celle qu'avait habitée Pierre Leroux jusqu'au moment de son exécution.

La fin du magistrat fut un peu moins tragique.

Déclaré, sur l'avis unanime des médecins, atteint de monomanie et de folie furieuse, celui qui s'était cru destiné à remuer le monde par sa parole fut conduit à l'hôpital des fous, et, durant plus de six mois, on le tint enchaîné dans une cellule obscure. Au bout de ce temps, comme il n'avait donné aucun signe de férocité, on lui ôta sa chaîne et il fut mis à un régime plus doux.

Aussitôt qu'il eut la liberté de ses mouvemens, une étrange folie, qui ne le quitta plus, se déclara chez lui; il croyait être artiste funambule, et, du matin au soir, il dansait avec les gestes et tous les mouvemens d'un homme qui tient un balancier et qui marche sur une corde.

Un libraire d'Orléans a eu l'idée de recueillir en un volume les plaidoyers qu'il avait prononcés durant sa courte carrière oratoire. Trois éditions successives en ont été enlevées. L'éditeur en prépare une quatrième en ce moment.

LE GRAND D'ESPAGNE.

LE GRAND D'ESPAGNE.

Lors de l'expédition entreprise en 1823-4, par le roi Louis XVIII, pour sauver Ferdinand VII du régime constitutionnel, je me trouvais, par hasard, à Tours, sur la route d'Espagne.

La veille de mon départ, j'allai au bal chez une des plus aimables femmes de cette ville où l'on sait s'amusait mieux que dans aucune autre capitale de province ; et, peu de temps avant le souper, car on soupe encore à Tours, je me joignis à un groupe de causeurs au milieu duquel un monsieur qui m'était inconnu racontait une aventure.

L'orateur, venu fort tard au bal, avait, je crois, dîné chez le receveur général. En entrant, il s'était mis à une table d'écarté ; puis, après avoir *passé* plusieurs fois, au grand contentement de ses parieurs, dont le *côté* perdait, il s'était levé, vaincu par un sous-lieutenant de carabiniers ; et, pour se consoler, il avait pris part à une conversation sur l'Espagne, sujet habituel de mille dissertations inutiles.

Pendant le récit, j'examinais avec un intérêt involontaire la figure et la personne du narrateur. C'était un de ces êtres à mille faces qui ont des ressemblances avec tant de types que l'observateur reste indécis, et ne sait s'il faut les classer parmi les gens de génie obscurs ou parmi les intrigans subalternes.

D'abord il était décoré d'un ruban rouge ; or ce symbole trop prodigué ne préjuge plus rien en faveur de personne ; il avait un habit vert, et je n'aime pas les habits verts au bal, lorsque la mode ordonne à tout le monde d'y porter un habit noir ; puis il avait de petites boucles d'acier à ses souliers, au lieu d'un nœud de ruban ; sa culotte était d'un casimir horriblement usé, sa cravate mal mise ; bref, je vis bien qu'il ne tenait pas beaucoup au costume : ce pouvait être un artiste !

Ses manières et sa voix avaient je ne sais quoi de commun, et sa figure, en proie aux rougeurs que les travaux de la digestion y imprimaient, ne rehaussait par aucun trait saillant l'ensemble de sa personne ; il avait le front découvert et peu de cheveux sur la tête. D'après tous ces diagnostics, j'hésitais à en faire, soit un conseiller de préfecture, soit un ancien commissaire des guerres ; lorsque, lui voyant poser la main sur la manche de son voisin d'une manière magistrale, je le jetai dans la classe des plumitifs, des bureaucrates et consorts.

Enfin je fus tout-à-fait convaincu de la vérité de mon observation en remarquant qu'il n'était écouté que pour son histoire ; aucun de ses auditeurs ne lui accordait cette attention soumise et ces regards complaisans qui sont le privilége des gens hautement considérés.

Je ne sais si vous voyez bien l'homme, se bourrant le nez de prises de tabac, parlant avec la prestesse des gens empressés de finir leur discours, de peur qu'on ne les abandonne ; du reste s'exprimant avec une grande facilité, contant bien, peignant d'un trait, et jovial comme un loustic de régiment.

Pour vous sauver l'ennui des digressions, je me permets de traduire son histoire en style de conteur, et d'y donner cette façon didactique nécessaire aux récits qui, de la causerie familière, passent à l'état typographique.

Quelque temps après son entrée à Madrid, le grand-duc de Berg invita les principaux personnages de cette ville à une fête française offerte par l'armée à la capitale nouvellement conquise. Malgré la splendeur du gala, les Espagnols n'y furent pas très-rieurs ; leurs femmes dansèrent peu ; en somme, les conviés jouèrent, et perdirent ou gagnèrent beaucoup.

Les jardins du palais étaient illuminés assez splendidement pour que les dames pussent s'y promener avec

autant de sécurité qu'elles l'eussent fait en plein jour...
La fête était impérialement belle, et rien ne fut épargné dans le but de donner aux Espagnols une haute idée de l'empereur, s'ils voulaient le juger d'après ses lieutenans.

Dans un bosquet assez voisin du palais, entre une heure et deux du matin, plusieurs militaires français s'entretenaient des chances de la guerre, et de l'avenir peu rassurant que pronostiquait l'attitude même des Espagnols présens à cette pompeuse fête.

— Ma foi, dit un Français dont le costume indiquait le chirurgien en chef de quelque corps d'armée, hier j'ai formellement demandé mon rappel au prince Murat. Sans avoir précisément peur de laisser mes os dans la Péninsule, je préfère aller panser les blessures faites par nos bons voisins les Allemands ; leurs armes ne vont pas si avant dans le torse que les poignards castillans... Puis, la crainte de l'Espagne est, chez moi, comme une superstition... Dès mon enfance j'ai lu des livres espagnols, un tas d'aventures sombres et mille histoires de ce pays, qui m'ont vivement prévenu contre les mœurs de ses habitans... Eh bien! depuis notre entrée à Madrid, il m'est arrivé d'être déjà, sinon le héros, du moins le complice de quelque périlleuse intrigue, aussi noire, aussi obscure que peut l'être un roman de lady Radcliffe... Or comme j'écoute assez mes pressentimens, dès demain je détale.... Murat ne me refusera certes pas mon congé; car, nous autres, grâces aux services secrets que nous rendons, nous avons des protections toujours efficaces...

— Puisque tu tires ta crampe, dis-nous ton événement!... s'écria un colonel, vieux républicain qui du beau langage et des courtisaneries impériales ne se souciait guère.

Là-dessus le chirurgien en chef regarda soigneusement autour de lui, parut chercher à reconnaître les figures de ceux qui l'environnaient; et, sûr qu'aucun Espagnol n'était dans le voisinage, il dit :

— Puisque nous sommes tous Français!... volontiers, colonel Charrin...

— Il y a six jours, reprit-il, je revenais tranquillement à mon logis, vers onze heures du soir, après avoir quitté le général Latour, dont l'hôtel se trouve à quelques pas du mien, dans ma rue; nous sortions tous deux de chez l'ordonnateur en chef, où nous avions fait une bouillotte assez animée... Tout à coup, au coin d'une petite rue, deux inconnus, ou plutôt deux diables, se jettent sur moi, et m'entortillent la tête et les bras dans un grand manteau... Je criai, vous devez me croire, comme un chien fouetté; mais le drap étouffa ma voix, puis je fus transporté dans une voiture avec une rapidité merveilleuse ; et, quand mes deux compagnons me débarrassèrent du sacré manteau, j'entendis une voix de femme et ces désolantes paroles dites en mauvais français :

— Si vous criez ou si vous faites mine de vous échapper, si vous vous permettez le moindre geste équivoque, le monsieur qui est devant vous est capable de vous poignarder sans scrupule. Ainsi tenez-vous tranquille. Maintenant je vais vous apprendre la cause de votre enlèvement... Si vous voulez vous donner la peine d'étendre votre main vers moi, vous trouverez entre nous deux vos instrumens de chirurgie que nous avons envoyé chercher chez vous de votre part; ils vous seront sans doute nécessaires. Nous vous emmenons dans une maison où votre présence est indispensable... Il s'agit de sauver l'honneur d'une dame. Elle est en ce moment sur le point d'accoucher d'un enfant dont elle fait présent à son amant à l'insu de son mari. Quoique celui-ci quitte peu sa femme dont il est toujours passionnément épris, et qu'il la surveille avec toute l'attention de la jalousie espagnole, elle a su lui cacher sa grossesse. Il la croit malade. Nous vous emmenons pour faire l'accouchement. Ainsi vous voyez que les dangers de l'entreprise ne vous concernent pas : seulement obéissez-nous; autrement l'ami de cette dame, qui est en face de vous dans la voiture, et qui ne sait pas un mot de français, vous poignarderait à la moindre imprudence...

— Et qui êtes-vous, lui dis-je en cherchant la main de mon interlocutrice, dont le bras était enveloppé dans la manche d'un habit d'uniforme...

— Je suis la camariste de madame, sa confidente, et toute prête à vous récompenser par moi-même, si vous vous prêtez galamment aux exigences de notre situation.

—Volontiers!... dis-je en me voyant embarqué de force dans une aventure dangereuse.

Alors, à la faveur de l'ombre, je vérifiai si la figure et les formes de la camariste étaient en harmonie avec toutes les idées que les sons riches et gutturaux de sa voix m'avaient inspirées...

La camariste s'était sans doute soumise par avance à tous les hasards de ce singulier enlèvement, car elle garda le plus complaisant de tous les silences, et la voiture n'eut pas roulé pendant plus de dix minutes dans Madrid qu'elle reçut et me rendit un baiser très-passionné.

Le monsieur que j'avais en vis-à-vis ne s'offensa point de quelques coups de pied dont je le gratifiai fort involontairement; mais comme il n'entendait pas le français, je présume qu'il n'y fit pas attention.

— Je ne puis être votre maîtresse qu'à une seule condition, me dit la camariste en réponse aux bêtises que je lui débitais, emporté par la chaleur d'une passion improvisée, à laquelle tout faisait obstacle.

— Et laquelle?....

— Vous ne chercherez jamais à savoir à qui j'appartiens... Si je viens chez vous, ce sera de nuit, et vous me recevrez sans lumière.

Notre conversation en était là quand la voiture arriva près d'un mur de jardin.

— Laissez-moi vous bander les yeux!... me dit la camariste; mais vous vous appuyerez sur mon bras, et je vous conduirai moi-même.

Puis la camariste me serra sur les yeux et noua fortement derrière ma tête un mouchoir très-épais.

J'entendis le bruit d'une clef mise avec précaution dans la serrure d'une petite porte sans doute par le silencieux amant que j'avais eu pour vis-à-vis; et bientôt la femme de chambre, au corps cambré, et qui avait du *meneho* dans son allure, me conduisit, à travers les allées sablées d'un grand jardin, jusqu'à un certain endroit, où elle s'arrêta.

Par le bruit que nos pas firent dans l'air, je présumai que nous étions devant la maison.

— Silence, maintenant !... me dit-elle à l'oreille, et veillez bien sur vous-même !... Ne perdez pas de vue un seul de mes signes, car je ne pourrai plus vous parler sans danger pour nous deux, et il s'agit en ce moment de vous sauver la vie.

Puis, elle ajouta, mais à haute voix :

—Madame est dans une chambre au rez-de-chaussée; pour y arriver, il nous faudra passer dans la chambre et devant le lit de son mari; ainsi ne toussez pas, marchez doucement, et suivez-moi bien, de peur de heurter quelques meubles, ou de mettre les pieds hors du tapis que j'ai disposé sous nos pas...

Ici l'amant grogna sourdement, comme un homme impatienté de tant de retards. La camariste se tut;

j'entendis ouvrir une porte, je sentis l'air chaud d'un appartement, et nous allâmes à pas de loup, comme des voleurs en expédition.

Enfin la douce main de la camariste m'ôta mon bandeau.

Je me trouvai dans une grande chambre, haute d'étage, et mal éclairée par une seule lampe fumeuse. La fenêtre était ouverte, mais elle avait été garnie de gros barreaux de fer par le jaloux mari ; j'étais jeté là comme au fond d'un sac.

Il y avait à terre, sur une natte, une femme magnifique, dont la tête était couverte d'un voile de mousseline, mais à travers lequel ses yeux pleins de larmes brillaient de tout l'éclat des étoiles. Elle serrait avec force sur sa bouche un mouchoir de batiste, et le mordait si vigoureusement que ses dents l'avaient déchiré et y étaient entrées à moitié... Jamais je n'ai vu si beau corps, mais ce corps se tordait sous la douleur comme se tord une corde de harpe jetée au feu. La malheureuse avait fait deux arcs-boutans de ses jambes, en les appuyant sur une espèce de commode ; et, de ses deux mains, elle se tenait aux bâtons d'une chaise en tendant ses bras, dont toutes les veines étaient horriblement gonflées. Elle ressemblait ainsi à un criminel dans les angoisses de la question...

Du reste, pas un cri, pas d'autre bruit que le sourd craquement de ses os, et nous étions là, tous trois, muets, immobiles...

Les ronflemens du mari retentissaient avec une consolante régularité....

Je voulus examiner la camariste, mais elle avait remis le masque dont elle s'était sans doute débarrassée pendant la route, et je ne pus voir que deux yeux noirs et des formes bien prononcées qui bombaient fortement son uniforme. L'amant était également masqué. Quand il arriva, il jeta sur-le-champ des serviettes sur les jambes de sa maîtresse, et replia en double sur la figure le voile de mousseline.

Lorsque j'eus soigneusement observé cette femme, je reconnus, à certains symptômes jadis remarqués dans une bien triste circonstance de ma vie, que l'enfant était mort; alors je me penchai vers la camariste pour l'instruire de cet événement.

En ce moment, le défiant inconnu tira son poignard; mais j'eus le temps de tout dire à la femme-de-chambre, qui lui cria deux mots à voix basse.

En entendant mon arrêt, l'amant eut un léger frisson qui passa sur lui des pieds à la tête comme un éclair, et il me sembla voir pâlir sa physionomie sous son masque de velours noir.

La camariste, saisissant un moment où cet homme au désespoir regardait la mourante qui devenait violette, me montra, par un geste, des verres de limonade tout préparés sur une table, en me faisant un signe négatif.

Je compris qu'il fallait m'abstenir de boire, malgré l'horrible chaleur qui me mettait en nage.

Tout à coup l'amant ayant soif prit un de ces verres, et but environ la moitié de la limonade qu'il contenait.

En ce moment, la dame eut une convulsion violente qui m'annonça l'heure favorable à la crise; et, prenant ma lancette, je la saignai, de force, au bras droit avec assez de bonheur. La camariste reçut dans des serviettes le sang qui jaillissait abondamment; puis l'inconnue tomba dans un abattement propice à mon opération... Je m'armai de courage, et je pus, après une heure de travail, extraire l'enfant par morceaux.

L'Espagnol, ne pensant plus à m'empoisonner, en comprenant que je venais de sauver sa maîtresse, pleurait sous son masque, et de grosses larmes roulaient, par instans, sur son manteau.

Du reste, la femme ne jeta pas un cri, mais elle mordait son mouchoir, tressaillait comme une bête fauve surprise, et suait à grosses gouttes.

Dans un instant horriblement critique, elle fit un geste pour montrer la chambre de son mari; le mari venait de se retourner; et, de nous quatre, elle seule avait entendu le froissement des draps, le bruissement du lit ou des rideaux.

Nous nous arrêtâmes, et à travers les trous de leurs masques, la camariste et l'amant se jetèrent des regards de feu....

Profitant de cette espèce de relâche, j'étendis la main pour prendre le verre de limonade que l'inconnu avait entamé; mais lui, croyant que j'allais boire un des verres pleins, bondit aussi légèrement qu'un chat, et posa son long poignard sur les deux verres empoisonnés. Il me laissa le sien, en me faisant un signe de tête pour me dire d'en boire le reste. Il y avait tant de choses, d'idées, de sentiment, dans ce signe et dans son vif mouvement, que je lui pardonnai presque les atroces combinaisons méditées pour tuer et ensevelir toute mémoire de ces événemens.

Il me serra la main lorsque j'eus achevé de boire; puis, après avoir laissé échapper un mouvement convulsif, il enveloppa lui-même soigneusement les débris de son enfant; et quand, après deux heures de soins et de craintes, nous eûmes, la camariste et moi, recouché sa maîtresse, il me serra de nouveau les mains, et mit à mon insu, dans ma poche, des diamans sur papier. Mais, par parenthèse, comme j'ignorais le somptueux cadeau de l'Espagnol, mon domestique me vola ce trésor le surlendemain, et s'est enfui nanti d'une vraie fortune.

Je dis à l'oreille de la femme-de-chambre, et bien bas, les précautions qui restaient à prendre; puis je manifestai l'intention d'être libre. La camariste resta près de sa maîtresse, circonstance qui ne me rassura pas excessivement; mais je résolus de me tenir sur mes gardes. L'amant fit un paquet de l'enfant mort et des linges teints du sang de sa maîtresse; puis il le serra fortement, le cacha sous son manteau; et, me passant la main sur les yeux comme pour me dire de les fermer, il sortit le premier, en m'invitant par un geste à tenir le pan de son habit; ce que je fis, non sans donner un dernier regard à la camariste. Elle arracha son masque en voyant l'Espagnol dehors, et me montra la plus délicieuse figure du monde.

Je traversai les appartemens à la suite de l'amant; et quand je me trouvai dans le jardin, en plein air, j'avoue que je respirai comme si l'on m'eût ôté un poids énorme de dessus la poitrine. Je marchais à une distance respectueuse de mon guide, en veillant sur ses moindres mouvemens avec la plus grande attention.

Arrivés à la petite porte, il me prit par la main, et m'appuya sur les lèvres un cachet, monté en bague, que je lui avais vu à un doigt de la main gauche. Je compris toute la valeur de ce signe éloquent. Nous nous trouvâmes dans la rue; et, au lieu de la voiture, deux chevaux nous attendaient. Nous montâmes chacun sur une des deux bêtes; mon Espagnol s'empara de ma bride, la tint dans sa main gauche, prit entre ses dents les guides de sa monture, car il avait son paquet sanglant dans sa main droite, et nous partîmes avec la rapidité de l'éclair. Il me fut impossible de remarquer le moindre objet qui pût servir à me faire reconnaître la route que nous parcourûmes. Au petit jour, je me trouvai près de ma porte, et l'Espagnol s'enfuit, en se dirigeant vers la porte d'Atocha...

— Et vous n'avez rien aperçu qui puisse vous faire soupçonner à quelle femme vous aviez affaire?... dit un officier au chirurgien.

— Une seule chose... reprit-il. Quand je saignai l'inconnue, je remarquai sur son bras, à peu près au milieu, une petite envie, grosse comme une lentille, et environnée de poils bruns... Puis le palais m'a paru magnifique, immense; la façade ne finissait pas...

En ce moment, l'indiscret chirurgien s'arrêta, pâlit. Tous les yeux fixés sur les siens en suivirent la direction; et les Français virent un Espagnol enveloppé d'un manteau, dont le regard de feu brillait dans l'ombre, au milieu d'une touffe d'orangers où il se tenait debout.

L'écouteur disparut aussitôt avec une légèreté de sylphe, quand un jeune sous-lieutenant s'élança vivement sur lui.

— Sarpéjeu ! mes amis, s'écria le chirurgien, cet œil de basilic m'a glacé. J'entends sonner des cloches dans mes oreilles ; et je vous fais mes adieux... vous m'enterrez ici !...

— Es-tu bête !... dit le colonel Charrin. Lecamus s'est mis à la piste de l'espion, il saura bien nous en rendre raison.

— Hé bien ! Lecamus ?... s'écrièrent les officiers, en voyant revenir le sous-lieutenant tout essoufflé.

— Au diable !... répondit Lecamus. Il a passé, je crois, à travers les murailles ; et, comme je ne pense pas qu'il soit sorcier, il est sans doute de la maison ! il en connaît les passages, les détours, et m'a facilement échappé.

— Je suis perdu !... dit le chirurgien d'une voix sombre.

— Allons, sois calme !... répondirent les officiers ; nous nous mettrons à tour de rôle chez toi, jusqu'à ton départ... et, pour ce soir, nous t'accompagnerons.

En effet, trois jeunes officiers, qui ayant perdu leur argent au jeu ne savaient plus que faire, reconduisirent le chirurgien à son logement, et s'offrirent à rester chez lui, ce qu'il accepta.

Le surlendemain, il avait obtenu son renvoi en France, et faisait tous ses préparatifs pour partir avec une dame à laquelle Murat donnait une forte escorte. Il achevait de dîner en compagnie de ses amis, lorsque son domestique vint le prévenir qu'une jeune dame voulait lui parler. Le chirurgien et les trois officiers descendirent aussitôt ; mais l'inconnue ne put que dire à son amant :

— Prenez garde !...

Elle tomba morte.

C'était la camariste qui, se sentant empoisonnée, espérait arriver à temps pour sauver le chirurgien.

Le poison la défigura complétement.

— Diable ! diable !... s'écria Lecamus, voilà ce qui

s'appelle aimer !... il n'y a qu'une Espagnole au monde qui puisse trotter avec un monstre de poison dans son bocal !...

Le chirurgien restait singulièrement pensif. Enfin, pour noyer les sinistres pressentimens qui le tourmentaient, il se remit à table et but immodérément, ainsi que ses compagnons ; puis tous, à moitié ivres, se couchèrent de bonne heure.

Au milieu de la nuit, le chirurgien fut réveillé par le bruit aigu que firent les anneaux de ses rideaux violemment tirés sur les tringles. Il se mit sur son séant, en proie à cette trépidation mécanique de toutes les fibres qui nous saisit au moment d'un semblable réveil. Alors il vit, debout devant lui, un Espagnol enveloppé dans son manteau. L'inconnu lui jetait le même regard brûlant, parti du buisson pendant la fête, et par lequel il avait déjà été si fatalement saisi.

Le chirurgien cria : Au secours !... A moi, mes amis !
Mais, à ce cri de détresse, l'Espagnol répondit d'abord par un rire amer :

— L'opium croît pour tout le monde !... dit-il.

Puis, après cette espèce de sentence, il lui montra ses trois amis profondément endormis; et, tirant avec brusquerie de dessous son manteau un bras de femme récemment coupé, il le présenta vivement au chirurgien, en lui montrant un signe semblable à celui qu'il avait si imprudemment décrit :

— Est-ce bien le même?... demanda-t-il.

A la lueur d'une lanterne posée sur le lit, le chirurgien, glacé d'effroi, répondit par un signe de tête; et, sans plus ample information, le mari de l'inconnu lui plongea son poignard dans le cœur!...

— Le conte est furieusement brun, dit un des auditeurs, mais il est encore plus invraisemblable; car pourriez-vous m'expliquer qui, du mort ou de l'Espagnol, vous a raconté cela?...

— Monsieur, répondit le narrateur, piqué de l'observation, comme fort heureusement le coup de poignard que j'ai reçu a glissé à droite au lieu d'aller à gauche, vous me permettrez de savoir un peu ma propre histoire... je vous jure qu'il y a encore des nuits où je vois en rêve les deux sacrés yeux...

L'ancien chirurgien en chef s'arrêta, pâlit, et resta, la bouche ouverte, dans un véritable état d'épilepsie.

Nous nous retournâmes tous du côté du salon. A la porte était un grand d'Espagne, un *afrancesados* en exil, et arrivé depuis quinze jours en Touraine, avec sa famille. Il apparaissait pour la première fois dans le monde; et, venu fort tard, il visitait les salons, accompagné de sa femme dont le bras droit restait immobile.

Nous nous séparâmes en silence pour laisser passer ce couple, que nous ne vîmes pas sans une émotion profonde.

C'était un vrai tableau de Murillo ! Le mari avait, sous des orbites creusés et noircis, des yeux de feu. Sa face était desséchée, son crâne sans cheveux, et son corps d'une maigreur effroyable. — La femme !.... imaginez-la ? — non ! — vous ne la feriez pas vraie.— Elle avait une admirable taille; elle était pâle, mais belle encore; son teint, par un privilége inouï pour une Espagnole, était éclatant de blancheur; mais son regard tombait sur vous comme un jet de plomb fondu..... son beau front, orné de perles, et blanc; ressemblait au marbre d'une tombe; il y avait un mort enseveli dans son cœur!... C'était la douleur espagnole dans tout son lustre.

Inutile de dire que le chirurgien avait disparu.

—Madame, demandai-je à la comtesse vers la fin de la soirée, par quel événement avez-vous donc perdu le bras?

— Dans la guerre de l'indépendance..... dit-elle.

www.ingramcontent.com/pod-product-compliance
Lightning Source LLC
Chambersburg PA
CBHW071911230426
43671CB00010B/1569